모스크바 밀사

모스크바 밀사

조선공산당의 코민테른 가입 외교(1925~1926년)

임경석

푸른역사

들어가며

　이 글의 목적은 조선공산당의 코민테른 가입 경위와 그 의미를 밝히는 데 있다.[1] 이를 위해 1925~26년 모스크바에 파견된 조선인 사회주의자들이 코민테른을 상대로 전개한 외교적 노력을 추적했다. 이 문제에 주목한 이유는 그것이 누구도 연구한 적이 없는 미지의 대상이기 때문이다. 전인미답의 처녀지인지라 도전해 보고 싶다는 의욕을 느꼈다. 아무도 가지 않은 길을 개척하는 것이라 어려움이 따르긴 하겠지만 보람도 느낄 수 있지 않을까 싶었다.

　그러나 그게 전부가 아니다. 이 문제를 밝혀낼 수 있다면 종래 충분한 논증도 없이 수용되어 오던 역사학계의 통설을 정정할 수 있으리라는 기대 또한 크게 작용했다. 그 통설 가운데 하나는 국제당의 의사결정이 조선인 대표자들을 배제한 채 권위주의적으로 이뤄졌다는 주장이다. 이 주장에 의하면 국제당은 여러 차례 조선위원회를 설립하여 조선 문제에 관한 결정을 채택했는데, 그럴 때

마다 조선인 대표는 의결권을 갖지 못하고 발언권만 행사했다고 한다.[2]

또 하나의 통설은 조선공산당과 국제당의 상호관계에 관한 것이었다. 조선공산당이 국제당에 대해 항상 피동적, 종속적인 태도를 보였다는 주장이 그것이다. 이 주장에 따르면 조선공산당은 국제당의 산하기관이었기 때문에 조직적 독자성이 부재했으며, 상명하복의 수직적 종속관계에 놓여 있었다고 한다.[3]

위 견해들은 어느 것이든 문제점을 안고 있다. 견해의 정당성을 뒷받침할 수 있는 근거들이 제시되지 않았기 때문이다. 권위주의적인 의사결정론이나 수직적 종속관계론은 둘 다 구체적인 논거들이 충분히 갖춰져 있다고 보기 어렵다. 각 견해의 논리 구조와 내적 인과관계도 충실히 짜여 있지 않다.

이 책은 기존 견해가 안고 있는 이러한 문제를 풀어보려는 시도다. 이를 위해 조선공산당의 코민테른 가입 외교를 현미경으로 들여다보듯 세세히 재현하고자 한다. 가능한 범위 내에서 최대한 검증하고 그를 통해 기존 통설의 타당성 여부를 따져보고자 한다.

연구 대상을 어떤 방식으로 재현할지에 대해서도 고민했다. 코민테른 가입 외교는 수많은 복잡한 사건들과 다수 인물의 언행으로 가득 차 있기 때문이다. 이 복잡한 대상을 어떻게 구성할 것인지 미리 상정하지 않는다면 무미건조하고 혼란스러운 시계열적인 연대기에 머물 위험이 있었다. 그래서 많은 등장인물 가운데 특히 조선공산당 파견 대표자 두 사람의 시선과 언행을 도드라지게 부각시키고자 했다. 두 사람의 역할이 객관적으로 컸을 뿐 아니라, 그렇게 함으로써 서사의 근간을 확정할 수 있었기 때문이다.

다만 두 사람의 동선을 단선적으로 뒤쫓아 다니는 데 그치지 않고 그들과 모순되는 지위에 있는 사람들의 행위도 함께 제시했다. 모순된 위치에 놓인 쌍방을 교차시키는 방법이 독자에게 적절한 긴장감을 제공해줄 것이라 생각했기 때문이다. 특히 이 글에서는 모순의 교차를 2중적으로 배치했다. 조선공산주의 내부의 모순을 교차시키고, 그에 더하여 국제공산당 내부의 모순을 교차시켰다. 이와 같은 구성이 사람들에게 독서의 편의도를 높여줄 것이라고 믿는다.

이 책의 일부 내용은 학술지에 이미 발표했던 두 편의 논문에 근거하고 있다. 〈조봉암의 모스크바 외교〉(《역사비평》 95, 2011)와 〈1926년 조선공산당의 코민테른 가입 외교〉(《사림》 39, 2011)가 그것이다. 그러나 내용이 똑같지 않음에 유의하기 바란다. 이 책의 일부분으로 녹여 넣기 위해 논문 속 많은 곳에 수정을 가했다. 위 논문들과 이 책 사이에 내용상의 불일치가 있다면, 마땅히 나중에 발간된 이 책에 더 많은 신뢰를 보내주기 바란다.

차례

들어가며 • 5

1장 두 사람
모스크바행 • 12 | 증명서 • 20 | 밀사를 선발하기까지 • 26 | 두 사람 • 34 | 출발 • 40

2장 조봉암의 외교
모스크바의 협력자들 • 46 | 국제당 동방부 • 53 | 미츠케비치위원회 • 61 | 약점 • 65 | 강령 논쟁 • 70 | 1925년 9월결정서 • 74 | 국제공청 외교 • 81 | 후속 조치 • 85 | 강령 문제 • 89 | 귀환길 • 94

3장 경쟁자들

'당준비회'의 분노 • 102 | 국민의회 그룹과 스파르타쿠스당 • 109 | 까엔당의 이탈 • 116 | 고려공산동맹의 반발 • 122

4장 조동호의 외교

조동호의 임무 • 128 | 모스크바의 조동호 • 133 | 연합 반대파의 대표자들 • 137 | 쿠시넨위원회 • 142 | 항의 • 147 | 조선공산당 승인안 • 151 | 쿠시넨위원회의 심의 • 154 | 국제당 집행위 제6회 확대총회 조선소위원회 • 157 | 1926년 3월결정서 • 162 | 3월결정서 후속조치 • 166 | 조선공산당과 코민테른의 관계 • 172

주석 • 177
참고문헌 • 192
찾아보기 • 196

1장
두 사람

모스크바행

일요일 도착 예정. 만남에 필요한 조치 요망. 박철환.[4]

박철환이 1925년 6월 17일에 모스크바로 보낸 전보에는 이렇게 쓰여 있었다. 그는 여행 중이었다. 블라디보스토크에서 출발한 시베리아 횡단열차를 타고 소비에트 러시아의 수도 모스크바로 가는 길이었다. 전보를 띄운 발신지는 바이칼 호 서편의 도시 이르쿠츠크 전신국이었다. 기나긴 열차 여행 도중에 짬을 내서 전보를 발송했음이 틀림없다. 당시는 횡단열차의 출발에서 도착까지 10일 남짓 걸리던 시절이었다. 전보를 보낸 날은 수요일이었고, 도착 예정일인 일요일은 그달 21일이었다. 열차편으로 4일 정도의 여정이 남은 셈이었다.

전보를 보낸 박철환은 어떤 사람인가? 박철환이라는 이름은 가명이었다. 혁명운동에 투신한 사람들이 왕왕 그러하듯 자신의 신

조봉암이 모스크바로 보낸 전보

조봉암은 시베리아 횡단열차를 타고 모스크바로 가던 1925년 6월 17일(수) 국제공산당 동아시아 담당관 보이틴스키에게 '박철환'이라는 가명을 써서 전보를 보냈다. 자신의 신분을 감추기 위해 1922년(24세)부터 1932년(32세)까지 8년 동안 본명 대신 썼던 가명이 바로 '박철환'이었다. 이 8년 동안 조봉암은 망명지 러시아와 중국을 오가며 동분서주했고, 조선에 들어와서는 비밀리에 혁명운동에 헌신했다.

원을 감추기 위해 지은 것이었다. 본명은 조봉암曺奉岩이었다. 그의 뒷날 회고에 의하면, "해외 망명생활 8년 동안은 박철환이란 이름으로 행세를 했었"다고 한다.[5] '8년 동안'은 엄밀히 말하면 24세 되던 1922년부터 34세 되던 1932년까지를 가리킨다. 일신의 안위를 돌보지 않고 망명지 러시아와 중국에서 동분서주하던, 그리고 조선에 들어와서는 비밀리에 혁명운동에 헌신하던 시절이었다. 이 시절의 조봉암은 동료들 사이에서 본명 대신 박철환으로 불렸다.

박철환이라는 이름은 활화산 같은 조봉암의 청년기를 표상했다. 혁명가들의 가명이 흔히 그러하듯이 거기에는 뭔가 의미가 담겨 있을 가능성이 높다. 단서를 얻기 위해 한자 표기를 확인해보자. 그의 족적을 추적해온 일본 경찰 문서를 보면, 조봉암의 가명은 박철환朴哲煥, 박철환朴鐵煥, 박철한朴哲漢 등으로 표기되어 있다. 어느 것이나 다 평범하다는 느낌을 준다. 총명함, 밝음, 굳셈 등의 뜻을 포함한, 흔히 볼 수 있는 조선식 이름이었다. 그러나 이 한자 표기가 실제와는 달랐음에 유의할 필요가 있다. 일본 경찰이 전해들은 것을 부정확하게 옮겼거나 그처럼 추정했을 뿐이었다. 심지어 조봉암 자신도 나중에 경찰에 체포되었을 때 그와 같이 표기된 것을 굳이 정정하려 하지 않았다.

하지만 그것은 조봉암의 본심이 아니었다. 속마음을 짐작하려면 그가 직접 쓴 글에 주목할 필요가 있다. 조봉암의 자필 서명이 담긴 문서가 남아 있다. 1925년 10월 14일에 조봉암이 모스크바

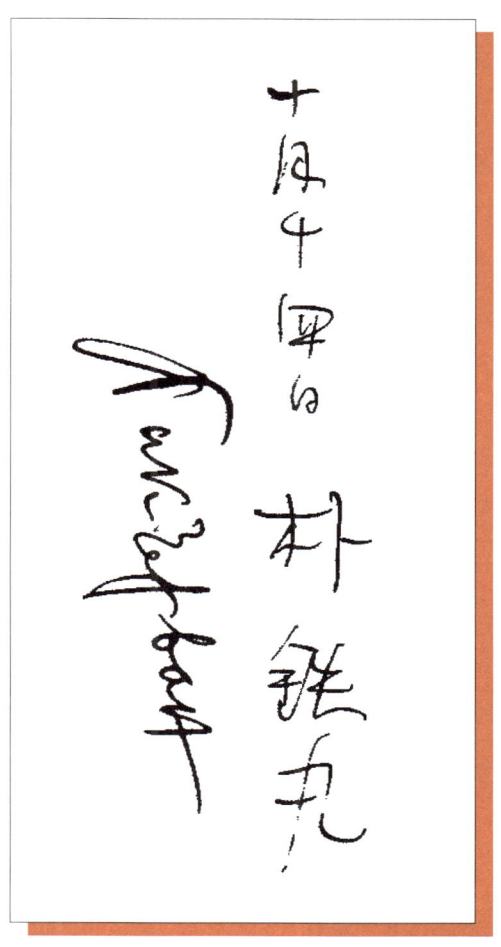

조봉암의 자필 서명

1925년 10월 14일 모스크바의 코민테른 동방부 임원에게 보낸 조봉암의 편지에는 '박철환朴鐵丸'이라는 한자 서명이 적혀 있다. 이 '박철환'이라는 가명에는 조봉암의 내면 심리가 담겨 있었다. 쇠 철鐵자와 알 환丸자, 즉 쇠로 만든 총알과 대포알이라는 뜻으로, 조선 혁명을 가로막는 장벽이 있다면 그것을 깨뜨리는 선구자가 되겠다는 조봉암의 결심이 내포되어 있던 것이다.

의 코민테른 동방부 임원에게 보낸 편지가 그것이다. 편지의 맨 끝에 '박철환朴鐵丸'이라는 한자 서명이 적혀 있고, 그 곁에는 자필로 쓴 러시아어 성명이 표기되어 있다.[6]

조봉암이 스스로 작명한 이 이름에는 그의 내면 심리가 잘 담겨 있다. 그의 의도, 성격, 기질 등도 드러나 있다. 쇠 철鐵자와 알 환丸자가 그가 선택한 글자였다. 쇠로 만든 총알과 대포알이라는 뜻으로, 조선 혁명의 앞길을 가로막는 장벽이 있다면 그것을 깨뜨리는 선구자가 되겠다는 결심이 내포되어 있었다. 조선 혁명의 불 뿜는 '탄환', 혁명운동의 작렬하는 '포탄'이 되겠다는 의지의 표현이었다. 28세의 청년 조봉암이 모스크바 여행 중에 사용한 이름도 바로 그것, '혁명의 탄환' 박철환朴鐵丸이었다.

누구에게 보낸 전보일까? 수신자 이름이 전보 문면 상단에 뚜렷이 명시되어 있다. '모스크바 국제당 집행위원회 보이틴스키 앞'이었다. 조봉암은 모스크바에 소재하는 국제공산당 본부로 가는 길이었던 것이다. 도착하면 가장 먼저 보이틴스키Г. Н. Войтинский

청년기의 조봉암
'혁명의 탄환'이라는 뜻을 가진 '박철환'이라는 가명에서 보듯 청년기의 조봉암은 조국의 혁명을 위해 애쓰던 열혈 청년이었다. 1919년 3·1운동에 가담한 혐의로 1년간 복역하기도 했고, 1925년 4월 조선공산당 등의 결성에 핵심적인 역할을 수행하기도 했다. 사진은 1927년 제2차 조선공산당 탄압 사건을 다룬 《동아일보》 기사의 조봉암 모습(1927년 4월 3일).

를 만날 예정이었음을 알 수 있다.

보이틴스키는 국제당의 저명한 동아시아 담당관이었다. 그는 중국에 파견된 최초의 국제당 활동가였다.[7] 27세 되던 1920년 3월 중국에 처음 파견된 그는 북경·상해·광주廣州를 오가면서 중국의 신흥 마르크스주의자들과 활발히 교류했다. 초창기 중국 사회주의운동의 지도자인 리다자오李大釗와 천두슈陳獨秀 등이 그가 만난 사람들 속에 포함되어 있었다. 이러한 보이틴스키의 활동은 1921년 7월 중국공산당이 창당되는 과정에서 이론·조직·재정적으로 영향을 미쳤다는 평가를 받고 있다.[8]

그리고리 보이틴스키(1893~1956)
보이틴스키는 조선뿐만 아니라 동아시아 혁명운동에 관한 한 국제당 내에서 손꼽히는 전문가였다. 27세 되던 1920년 3월 중국에 처음 파견된 그는 조봉암이 전보를 띄운 1925년 6월에도 여전히 국제당 동방부의 6인 위원 가운데 한 사람이자 동아시아 혁명운동을 관할하는 재상해 원동부 부장으로 재임하는 등 특히 조선과 중국 문제에 쉼 없이 관여하고 있었다.

러시아 배우 비타스
보이틴스키는 초창기 중국 사회주의운동 지도자들과 활발히 교류했으며, 1921년 7월 중국공산당의 창당 때는 이론·조직·재정 등 여러 면에서 영향을 미치기도 했다. 사진은 2011년 중국공산당 창당 90주년을 맞아 제작된 영화 〈건당위업建黨偉業〉에서 보이틴스키 역을 맡은 비타스.

중국만이 아니었다. 조선의 초기 사회주의운동에서도 보이틴스키의 영향력은 거대했다. 1921년 2월 동아시아 공산주의운동을 '조정'하기 위해 국제당 극동비서부가 처음 설립되었을 때, 보이틴스키는 5인 간부 가운데 한 사람으로 취임했다.[9] 이 기구의 사명은 "중국, 일본, 조선, 티벳 및 몽골의 모든 공산주의 사업과 혁명 사업을 조정"하는 데 있었다.[10] 그것은 갓 태어난 국제당이 동아시아 여러 나라의 혁명운동을 본격적으로 밀어붙이기 위해 설립한, 야심찬 현지 기관이었다. 이르쿠츠크에 소재해 있던 극동비서부는 임직원 숫자가 93명에 달했다. 국제당의 역대 동아시아 관련 기구 가운데 가장 규모가 큰 것이었다.

보이틴스키는 중국과 마찬가지로 조선에서도 공산당 창당을 서둘렀다. 그리하여 1921년 5월에 이르쿠츠크에서 고려공산당 창당대회를 개최할 수 있었다. 그러나 이 대회는 영향력 있는 토착 마르크스주의자들을 망라하지 못했다. 보이틴스키는 조선 혁명운동을 이끌어온 강력한 공산주의 그룹을 배제하고, 자신의 구미에 맞는 해외 이주민 위주의 공산주의 그룹을 편파적으로 지원했다. 그럼으로써 결과적으로 초창기 조선 사회주의운동을 분열로 이끌었다는 평가를 받았다.[11] 조선 문제에 관한 한 그에 대한 평가는 영욕이 엇갈렸던 것이다.

어쨌거나 국제당의 간부로서 그가 지닌 영향력은 상당 기간 변함없이 지속되었다. 1922년 2월 극동비서부가 해체되고 동아시아 관련 직제가 개편된 뒤에도 그러했다. 조봉암이 전보를 띄운 1925

년 6월에도 보이틴스키는 여전히 국제당의 동아시아 담당관으로 재임 중이었다. 당시 그는 국제당 동방부Восточный отдел ИККИ의 6인 위원 가운데 한 사람이었다.[12] 동방부는 국제당 본부의 상설 부서 가운데 하나로, 아시아와 북아프리카의 광대한 영역에 걸쳐서 식민지 약소민족의 혁명운동을 지원하는 것을 임무로 삼는 기구였다. 뿐만 아니라 보이틴스키는 재상해 원동부Дальбюро 부장이기도 했다. 원동부는 동방부의 산하 부서로서 동아시아 혁명운동을 관할하는 현지 기관이었다. 소재지는 상해였다. 그래서 그는 모스크바와 상해를 오가면서 조선과 중국, 일본, 몽골의 혁명운동에 개입하고 있었다.

 보이틴스키는 조선 문제는 물론이고 동아시아 혁명운동에 관한 한 국제당 내에서 손꼽히는 전문가였다. 1920년부터 쉼 없이 조선과 중국 문제에 관여했기 때문에 벌써 햇수로 5년도 넘게 그 일에 종사한 셈이었다.

증명서

 조봉암은 무슨 일로 모스크바에 가고 있던 것일까? 그의 모스크바 여행 목적은 무엇인가? 이 물음에 세심한 주의를 기울일 필요가 있다. 논자에 따라 답이 갈리기 때문이다.

 먼저 조봉암이 조선공산당 대표로서 국제공산당 가입 외교를 위해 모스크바로 향했다는 설이 있다. 누구보다도 조봉암 자신이 뒷날 그렇게 회고했다. "조선공산당 대표로 모스크바로 가서 코민테른으로부터 정식 지부로 인정을 받게 된 것"이라고.[13] 본인 스스로 그렇게 주장했을 뿐만 아니라, 공산당에 속했던 많은 사람들이 그렇게 인정했다.

 그러나 조봉암의 말에 의문을 표하는 연구자들도 있다. 조선공산당 대표는 따로 있었기 때문이다. 공산당 간부 구연흠具然欽이 남긴 기록을 보면, "국제공산당과의 연락을 위해 당 대표 조동우(조동호-인용자), 청년회 대표 조봉암을 모스크바로 파견"했다고 한다.[14] 이 때문에 조봉암의 모스크바 여행은 공산당이 아니라 고려공산청년회 대표 자격으로 이뤄진 것으로 보는 견해가 제기되었다. 《한국사회주의운동인명사전》의 조봉암 항목을 보자. 거기에는 "고려공청의 국제공청 지부 승인을 교섭하기 위한 대표자로 선임되어 모스크바로 파견되었다"고 쓰여 있다.[15]

두 가지 서로 다른 정보로 인해 연구자라면 누구나 판단에 어려움을 느낄 수밖에 없었다. 그래서 어떤 연구자들은 조봉암의 가까운 동료 김찬金燦의 재판 기록에 눈길을 돌렸다. 김찬의 〈예심종결결정서〉에 따르면 조선공산당은 조동호趙東祜를 정식 대표로, 조봉암을 부대표로 삼아서 국제공산당에 파견하기로 결정했다고 한다. 또한 고려공산청년회도 조봉암을 대표로 선정하여 모스크바에 보냈다고 한다.[16] 다시 말하면 조봉암은 조선공산당 부대표와 고려공청 대표 자격을 겸임했다는 설이다.

일제의 재판 기록이라는 게 워낙 '범죄' 요건의 성립을 입증하기 위해 작성된 것이므로, 연구자들은 그를 통해 역사적 사실관계를 확정하는 것을 꺼리기 마련이다. 그럼에도 불구하고 '당 부대표와 공청 대표 겸임설'은 중시되었다. 조봉암 전기를 저술한 박태균, 김삼웅 등의 연구자들은 이 견해가 사실을 반영하고 있다고 판단했다.[17] 여러 기록들 사이의 충돌을 모순 없이 이해하는 데 유효했기 때문일 것이다.

박태균과 김삼웅의 판단은 옳았다. 그들의 판단이 실제에 부합함을 입증하는 증거가 발견되었기 때문이다. 모스크바의 구舊코민테른 문서보관소에서 발견된 이 문서는 지금도 보관되어 있다.

모스크바로 향하는 조봉암은 두 종류의 증명서를 휴대하고 있었다. 국제공산당 임직원에게 자신의 신분을 입증하기 위한 문서였다. 그중 하나는 1925년 5월 27일자로 조선공산당 중앙집행위원 7인이 공동으로 서명한 〈위임장〉이었다. 얇은 천 조각에 가는 붓으로 쓴 순한글 글씨가 깨알처럼 적혀 있었다. "동무 조봉암을 조선공산당 대표로 제3국제공산당 중앙집행위원회에 파견하여 조선공산당 전권대표 보좌의 권리를 위임함"[18]이라는 내용이었다. '조선공산당 전권대표 보좌', 이것이 조봉암의 직함이었다. 조봉암은 이 직함으로 모스크바 외교에 임했던 것이다.

또 하나의 증명서가 있다. 고려공산청년회 중앙집행위원회가 1925년 5월 8일자로 발급한 영문 증명서였다. 얇은 비단 조각으로 된 증명서 위에 '고려공산청년회 중앙집행위원회 위원 조봉암 동무'를 국제공청에 파견하는 전권 대표로 임명한다는 내용이 영문 타자기로 인쇄되어 있다. 맨 아래 발급자란에는 'H. Y. Pk'이라는 서명이 뚜렷하다. 당시 책임비서로 재임 중이던 박헌영朴憲永의 영문 이니셜임이 분명하다. 여기에 고려공청의 동그란 공인이 붉게 찍혀 있다. 두 겹으로 둘러친 동그라미 안에 별이 그려져 있고, 별 주위에는 영문으로 뭔가 적혀 있다. 흐릿해서 잘 안 보이지만 C. E. C. Y. C. L. K라고 읽힌다. '고려공산청년회 중앙집행위원회 Central Executive Committee of the Young Communist League of Korea'의 영문 이니셜이었다.[19]

조선공산당 전권대표 보좌역 위임장

1925년 6월 모스크바로 향하던 조봉암은 신분 입증을 위한 두 가지 증명서를 휴대하고 있었다. 하나는 1925년 5월 27일 조선공산당 중앙집행위원 7인이 서명한 〈위임장〉으로서, 조봉암은 바로 이 '조선공산당 전권대표 보좌' 직함으로 모스크바 외교에 임했다.

고려공산청년회 전권대표 영문증명서

조봉암이 휴대하고 있던 또 다른 증명서는 1925년 5월 8일 고려공산청년회 중앙집행위원회가 발급한 영문 증명서로, 조봉암을 고려공산청년회 전권대표로 임명한다고 적혀 있었다. 즉 조봉암은 '조선공산당 전권대표 보좌 겸 고려공청 전권대표' 자격으로 국제공산당과 국제공산청년동맹에 외교 교섭차 나섰던 것이다.

두 증명서를 종이가 아니라 천 조각으로 만든 점이 이채롭다. 특히 비단 조각 위에 영문 타자를 치는 일은 쉽지 않았을 것이다. 이런 곤란함에도 불구하고 종이를 마다한 데는 그럴만한 이유가 있었다. 보안 때문이었다. 일본 관헌에게 체포될 경우 자신의 신분과 사명을 끝까지 감출 수 있게끔 새로운 휴대 방법을 고안할 필요가 있었다. 지갑이나 호주머니에 넣는 것은 금기였다. 가방이나 책 속에 감추는 것도 정밀한 수색을 감당할 수 없었다. 그래서 선택된 것이 천이나 비단 조각이었다. 입고 있는 옷 솔기를 뜯어서 문제의 증명서를 옷자락 속에 감추고 다시 꿰매는 방법을 택했던 것이다.

조봉암의 모스크바 여행 목적이 무엇이었는지 분명해졌다. 그는 '조선공산당 전권대표 보좌 겸 고려공청 전권대표' 자격으로 국제공산당과 국제공산청년동맹에 외교 교섭차 나섰던 것이다.

밀사를 선발하기까지

조선공산당은 왜 자신의 대표자를 모스크바로 파견했는가? 모스크바에 소재하는 국제공산당에 무엇을 기대했으며, 어떤 관계를 맺고자 했는가? 이 물음에 답하기 위해서는 먼저 조선공산당이 어떤 단체인지 살펴볼 필요가 있다.

여기서 말하는 조선공산당이란 1925년 4월 17일 서울에서 '제1회 당대표회'를 통해 창립된 비밀결사를 가리킨다. 파견원 조봉암이 모스크바로 전보를 발신하던 때로부터 불과 두 달 전에 태어난 신생 단체였다.

일본의 식민지 수도인 서울에서 공산당을 창립한다는 것은 매우 위험한 일이었다. 불가능해 보이기까지 했다. 조선공산당은 조선의 완전 독립을 정치적 목표로 하는 혁명 단체였다.[20] 그러므로 그것을 조직하는 일은 '대일본제국'에게는 자국 영토를 떼어내어 통치권의 변경을 꾀하는 커다란 범죄에 해당했다.[21] '천황 폐하'

에게 속한 통치권을 침범하려는 중대 범죄였던 것이다. 따라서 한 번 발각되면 체포·투옥은 말할 것도 없고 야수 같은 고문을 각오해야 하는, 경우에 따라서는 옥중에서 삶을 마치게 될지도 모르는 위험한 일이었다.

그토록 위험한 일이 대낮에 서울 한복판에서 벌어졌던 것이다. 4월 17일 오후 1시 서울 시내 한 가운데 황금정黃金町 1정목町目에 위치한 중국요리점 아서원雅敍園에서 은밀한 회합이 열렸다. 내부 장식이 호화롭고 한꺼번에 수백 명의 손님을 접대할 수 있는 대형 고급 음식점이었다.[22] 아서원 깊숙한 내실에 인텔리풍의 청·장년 19명이 자리를 잡고 둘러앉았다. 누가 보더라도 점심시간에 맞춰 이뤄지는 사교 모임이나 연회 자리 같았다.

그러나 이 모임은 그처럼 한가한 성격의 것이 아니었다. 조선공산당을 창립하기 위해 개최된 '제1회 조선공산당대표회' 회합이었다.[23] 참석자들은 개인 자격으로 참석한 게 아니었다. 그들은 경향 각지에 산재한 비밀 공산주의 세포 단체의 대표자들이었다. 서울에 소재하는 7개 세포 단체와 지방 각지의 10개 세포 단체에서 파견된 사람들이었다.[24] 이들이 대표하는 마르크스주의 혁명가 숫자는 도합 130명이었다. 1개 세포 단체당 소속 인원은 평균 8인이었음을 알 수 있다. 세포 단체의 구성원이 이처럼 매우 적은 수로 이뤄진 까닭은 그것이 경찰의 주밀한 감시망 하에서 안전하고 비밀리에 활동하기에 적합했기 때문이었다.

이들은 직업적 혁명가였다. 단지 마르크스주의에 사상적으로 공

아서원이 있던 황금정 1정목의 일제 강점기 때 모습

1925년 4월 17일 서울 시내 한가운데인 황금정 1정목의 중국요리점 아서원에서 은밀한 모임이 열렸다. 조선공산당 창립을 위한 '제1회 조선공산당대표회' 회합이 그것이었다. 아서원에 모인 비밀 공산주의 세포 단체의 대표자들은 5시간에 걸쳐 공산당 창립에 필요한 사안을 심의·의결했다. 당 규약 채택, 중요 정책안 가결, 정책 노선 결정, 지도부 선출 등을 거친 뒤 조선공산당이 정식으로 결성되었다. 현재 아서원 자리에는 롯데호텔이 들어서 있다.

감하는 데 머무는 것이 아니라, 그 사상을 민중 속에 전파하고 믿을 만한 사람들을 조직화하며 사회적 실천에 헌신하기로 결심한 이들이었다. 19명 가운데 11명은 3·1운동 등의 반일운동에 가담했다는 이유로 9개월 이상 3년 이하의 징역형을 살았던 사람들이었다. 투옥된 사람들의 형기를 모두 합하면 20년가량이 되었다.[25]

이들은 5시간에 걸쳐서 공산당 창립에 필요한 사안을 심의·의결했다. 당 규약을 채택했고, 중요 정책안을 가결했다. 민족 혁명과의 관계, 노동자·농민 문제, 당 건설 문제, 청년 문제, 여성 내부 사업, 종교 단체에 대한 태도 등에 관해 정책 노선을 결정했다. 지도부도 선출했다. 7명으로 구성되는 중앙집행위원회를 선출하여 최고위 집행기관으로 삼았다. 그리하여 조선공산당이 정식으로 결성되었다.

하지만 한국 역사상 공산당이 이때 처음 조직되었던 것은 아니다. 최초의 공산당 결성은 3.1운동의 격동을 거친 직후인 1921년 5월 해외 망명지에서 시도되었다. 그러나 이 시도는 소기의 성과를 거두지 못했다. 이르쿠츠크와 상해 두 군데서 경쟁적으로 개최된 공산당 창립대회는 두개의 공산당을 탄생시켰다. 이들 가운데 어느 누구도 단독으로 국제공산당에 가입하는 데는 이르지 못했다.

두 번째 창당대회는 1922년 10월 러시아 베르흐네우딘스크 시에서 열렸다. 국제당의 권유에 따라 기존의 두 공산당이 통합 당대회를 개최했던 것이다. 이 대회에는 두 공산당의 대표자들뿐만 아니라 그에 포함되지 않은 신흥 공산주의 그룹들의 대표자들도 참석했다. 그러나 이 전당대회도 실패했다. 조선 내부와 해외 여러 곳에서 어렵사리 집결한 128명의 마르크스주의자들은 다시 분열되고 말았다.[26]

1925년 4월 서울에서 열린 회합은 창당대회로는 세 번째로 개최된 셈이었다. 4월대회는 앞서 열린 두개의 당대회에 비하면 두드러진 특징을 갖고 있었다. 대회 개최 장소가 해외가 아니라 조선 내부였다는 점이다. 사회주의운동의 중심이 해외로부터 조선 내부로 옮겨갔음을 단적으로 보여주는 현상이었다. 과거 공산당의 주요 구성원은 해외 이주민 사회의 엘리트와 정치적 망명자들이었다. 일본의 조선 강점에 반대하여 해외로 나간 독립운동자, 북간도와 서간도 그리고 연해주 일대에서 반일 무장 투쟁에 참여하던 독립군, 연해주에 거주하는 조선계 이민자 사회의 유력자들이 창당대회의 대의원이 되었다. 그러나 서울에서 열린 4월대회는 달랐다. 당의 구성원들은 조선 내에 거주하고 있었고, 3.1운동의 열렬한 참가자였으며, 급속히 성장 중인 대중운동에 능동적으로 가담하고 있던 사람들이었다.

공통점도 있었다. 국제공산당 문제가 그러했다. 4월대회의 참가자들도 앞선 회합 때와 마찬가지로 국제당과의 관계 설정 방안을 논의했다. 그 결과 '조선공산당의 국제당 가입'을 추진하기로 결정했고, "국제당의 진실하고 규율 있는 부대가 될 것을 약속"했다.[27] 이처럼 조선 공산주의자들이 국제당에 대해 강렬한 연대감과 일체감을 갖게 된 데는 그럴 만한 이유가 있었다. 무엇보다도 먼저 국제당은 제국주의에 맞서는 식민지 인민의 해방 투쟁을 지지했고, 더 나아가 인류의 보편적 해방을 약속했기 때문이었다.[28] 공산주의자라면 응당 견지할 만한 가치와 목표를 공유했던 것이다. 뿐만 아니라 국제당에 가입하면 여러 가지 현실적 이익도 누릴 수 있었다. 코민테른과 소비에트 러시아 정부로부터 정치적·재정적 원조를 받을 수 있었던 것이다. 구체적으로 보면 예산안을 수립하여 국제당에게 청구할 권한이 부여되었다. 국제당 세계대회와 각급 기관에 대표를 파견할 권리도 보장받았다. 또한 동방노력자공산대학을 비롯한 국제당 산하 각종 고등교육기관에 유학생을 파견할 수도 있었다.

4월대회 참가자들은 국제당 가입을 현실화하기 위해 당 대표자를 모스크바에 직접 파견하는 것이 필요하다고 보았다. 다만 대표자 선정과 파견에 관한 구체적인 실행 방안을 논의하지는 않았다. 대회에서 직접 고안하지 않고 중앙집행위원회에 위임하기로 했다.[29]

당 중앙집행위원회가 국제당에 파견할 전권대표에게 위임장을 발급한 날은 창당대회가 열린 지 한 달 남짓 지난 5월 27일이었다. 이날 조동호와 조봉암, 두 사람에게 위임장이 발급되었다. 두 사람의 지위에는 미묘한 차이가 있었다. 한 사람은 '전권대표', 다른 한 사람은 '전권대표 보좌'였다. 옛날식으로 말하자면 한 사람은 정사正使, 다른 사람은 부사副使인 셈이었다. 조동호가 당의 전권대표였다. 그는 7인으로 이뤄진 중앙집행위원 가운데 한 사람이었다. 그가 발급받은 〈위임장〉 양식은 조봉암의 그것과 동일했다. 같은 천 조각 위에 같은 날짜에 같은 사람들이 서명했다. 단 위임장의 문안은 달랐다. "우右 동무를 장차 모스크바에서 개최하는 제3 국제공산당 대표회에 조선공산당을 대표하여 출석케 하고 그 회에 대한 일체 권리를 위임"한다는 내용이었다.[30]

모스크바 파견 대표를 두 사람이나 선임한 까닭은 무엇일까? 그것은 공산주의운동을 이끌어가는 비밀 단체가 둘이어야 한다고 생각한 당시의 조직 관념과 관련된 것이었다. 조선공산당과 고려공산청년회가 바로 그 단체들이었다.

두 단체는 쌍둥이처럼 태어났다. 고려공산청년회 창립대표회는 조선공산당 창립대회가 열린 이튿날인 1925년 4월 18일 밤 12시, 서울 한복판의 한 민가에서 비밀리에 개최되었다. 공청 책임비서로 선임된 박헌영의 살림집에서였다. 이 자리에는 28개 세포 단체의 대표자 20명이 참석했다. 이들은 밤을 꼬박 새우며 소곤소곤 얘기를 나눠야 했다. 회의 진행 양상은 공산당의 그것과 비슷했다. 강령과 규약을 채택하고, 국제공산청년동맹과의 관계 설정 문제, 조선공산당과의 관계 설정 문제 등을 논의했다. 그 결과 조선공산당의 지도에 복종하며 국제공청에 가입할 것을 결정했다. 이 회의를 통해 7인의 중앙집행위원회를 집행부로 하는 고려공산청년회가 정식으로 창립되었다.[31]

국제공청에 파견할 대표자 선정은 고려공청 창립대회 이틀 뒤인 4월 21일에 새로 선출된 중앙집행위원회 첫 회의에서 이뤄졌다. 이 회의에서 "국공청에 보내는 대표는 동무 박철환朴鐵丸을 파송하기로 결정"했다.[32]

두 사람

조동호와 조봉암이 모스크바 밀사로 선발된 데는 그럴 만한 이유가 있었다. 두 사람은 당내의 다른 누구보다 코민테른 외교를 잘 풀어갈 수 있는 경력과 자질을 갖고 있었기 때문이었다.

　모스크바 밀사로 선정될 당시 두 사람은 20~30대의 청년들이었다. 조동호는 34세, 조봉암은 그보다 일곱 살 아래인 27세였다. 예기치 못한 난관이 첩첩이 출몰하게 될 먼 여행길을 거뜬히 다녀올 수 있는 기지와 체력을 갖춘 팔팔한 연령이었다. 젊은 나이였지만 두 사람은 조선 사회주의운동에 출범기 때부터 참여한, 경험 많은 당원이었다. 조동호는 1920년 9월에 재상해 한국공산당 조직에 처음 가입했다. 이 당은 조선독립운동의 중심지 중 하나인 상해에서 최초로 출현한 공산주의 단체로서 고려공산당, 대한공산당 등으로도 불렸다. 상해가 대한민국임시정부 소재지이자 망명자들의 밀집지였던 만큼 상해 한국공산당의 영향력은 매우 컸다. 조동호는 그 속에서 지도적 역할을 수행했다. 1921년 3월부터 1923년 12월까지 고려공산당 상해지부 책임비서로 일했을 뿐만 아니라, 《올타正報》·《신생활》 등과 같은 당 기관지 편집까지 맡아 보았다.[33]

조봉암의 사회주의 입문도 매우 이른 시기에 해외에서 이뤄졌다. 3·1운동에 참여했다가 옥고를 치룬 그는 1920년 7월에 유학을 위해 일본으로 향했다. 도쿄에서 2년간 체류했는데 이때 열렬한 사회주의자가 되었다. 뒷날 스스로 회고한 바에 따르면, "처음에 사회주의에 관한 서적을 읽어 보니까, 어찌 그리 마음에 탐탁하고 기쁘던지 이루 형언해서 말할 수가 없었다"고 한다.[34] 그는 사회주의 사상이 자신의 '마음 가운데 항상 꿈틀거리고 용솟음치던 생각'과 완전히 일치한다고 보았다. 그래서 심지어 법열法悅마저 느꼈다고 한다. 이는 자연스럽게 사회주의운동 참여로 이어졌다. '흑도회黑濤會'가 그가 몸담은 최초의 사회주의 단체였다. 재일본 조선인 유학생들로 구성된 이 단체에는 마르크스주의자와

조동호(1892~1954)
조동호는 조선 사회주의운동에 출범기 때부터 참여한, 경험 많은 당원이었다. 1920년 9월 상해 한국공산당에 가입하여 지도적 역할을 수행했으며, 고려공산당 상해지부 책임비서 및 당 기관지 편집까지 맡아 보았다. 즉 조동호는 조봉암과 함께 당내의 다른 누구보다 모스크바 밀사로서 코민테른 외교를 잘 풀어갈 수 있는 능력과 자질을 갖추고 있던 인물이었다.

무정부주의자가 섞여 있었지만, 조선 혁명에 헌신하려는 결심을 지녔다는 점에서는 공통성을 지니고 있었다.

두 사람은 사회주의운동에 입문한 뒤 쉼 없이 열성적으로 활동했으며, 그 대열 내에서 중요 임무 종사자로 두각을 나타냈다. 급기야 두 사람은 조선공산당과 고려공청의 창립 과정에서 중추적 역할을 맡게 되었다.

조동호는 조선공산당 창립대회 준비위원회 위원장이었다.[35] 준비위원은 3인이었던 것으로 추정되는데, 조동호는 위원장으로서 창립대회에서 논의할 모든 문건을 사전에 마련하는 일을 담당했다. 그는 대회장에 출석한 19명의 대표자 가운데 한 사람이었고, 대회 석상에서는 '서기'로서 기록물을 관장했다.[36] 창립대회 석상에서 그의 역할과 비중이 매우 컸음을 보여주는 또 하나의 지표는 그가 당 중앙간부 선출권을 위임받은 전형위원으로 선임된 사실이었다.[37] 결국 그는 7인으로 이뤄진 중앙집행위원 가운데 1인으로 선출되었다. 공산당 최고 간부의 일원이 되었던 것이다.

조봉암도 지지 않았다. 그는 고려공산청년회 창립대회 준비위원회 3인 위원 가운데 한 사람이었다.[38] 준비위원들은 창립대회에 관한 모든 준비 사무를 감당했다. 대회 일시와 장소를 결정하고, 각지 세포 단체의 대표자를 소집했으며, 대회 의안을 작성하고, 대회 문건을 마련했다. 조봉암은 고려공청 창립대회에 출석한 20명의 대표자 가운데 한 사람이었고, 중앙간부를 선출할 선거위원 5인 중 하나였다.[39] 결국 조봉암은 7인 중앙집행위원 가운데 1인으로 선출되었으며 조직부장의 직임을 맡았다. 고려공청 최고 간부의 일원이 되었던 것이다.

그뿐인가. 조봉암은 고려공청뿐만 아니라 조선공산당 결성 과정에도 주도적으로 참여했다. 그는 조선공산당 창립대회에 대표자로서 출석했고, 중앙간부 전형위원의 한 사람으로 선출되었다.[40] 조선공산당과 고려공청, 두 비밀조직의 중앙간부를 선출할 수 있는 막강한 직위에 올랐던 것이다. 이는 이전은 말할 것도 없고 이후의 사회주의 역사에서도 찾을 수 없는 일이었다. 당과 공청의 창립을 전후한 시기에 조봉암이 얼마나 핵심적인 역할을 담당했는지를 단적으로 보여주는 사례다.

이처럼 두 사람은 젊은 나이인데다가 초창기 이래 오랜 기간 당원으로 활동한 활동가였으며, 당과 공청 창립대회의 혁혁한 공로자였다. 그들은 당과 공청의 과거 역사와 현황에 관해 어느 누구보다도 정확히 진술할 능력이 있었다. 요컨대 두 사람은 국제기관에 출두하여 조선공산당과 고려공청을 대표하기에 전혀 모자람이 없는 적임자들이었다.

두 사람이 모스크바 파견원으로 선발된 또 하나의 결정적인 이유는 그들이 동료들 중에서는 보기 드물게 소비에트 러시아에서 직접 생활해 봤다는 점이었다. 둘 다 코민테른의 외국인 관계자들과 함께 의견을 나누고 공동업무에 종사한 경험을 갖고 있었던 것이다. 조동호는 1921년 10월 31일 만주·러시아 접경의 만주리滿洲里를 통해 국경선을 넘어 이듬해 3월 10일 상해로 귀환하기까지 약 4개월간 소비에트 러시아에서 체류했었다.[41] 이 기간 동안 그는 모스크바에서 개최된 극동민족대회에 참가했다. 극동민족대회란 1922년 1월 21일부터 2월 2일까지 코민테른이 주최한 동아시아 각국 공산당 및 민족 혁명 단체 대표자들의 연석회의를 가리킨다. 조동호는 이 대회 본회의 제6차 회의(1922년 1월 25일) 석상에서 조선대표단을 대표하여 〈조선의 경제, 농민, 노동자 상태와 노동자·농민 대중의 운동〉에 대해 보고하기도 했다.[42]

조봉암의 러시아 체류 기간은 더 길었다. 그가 처음 러시아에 입국한 것은 1922년 10월 베르흐네우딘스크에서 열린 고려공산당 통합대회에 조선 내지의 조선공산당('중립당') 대표로 참석했을 때였다. 이후 그는 약 10개월간 러시아에 체류했으며, 그중 8개월을 모스크바에 머물렀다. 모스크바 체류 중에는 코민테른의 조선 문제에 관한 1922년 12월결정서 채택에 영향력을 행사했고, 코민테른 산하 교육기관인 동방노력자공산대학에서 6개월간 수학했다. 조봉암이 코민테른과 국제공청의 임무를 띠고 국내로 되돌아온 것은 1923년 9월 중순이었다.[43]

두 사람 외에 당과 공청의 중앙간부 중에서 모스크바를 다녀온 이가 없는 것은 아니었다. 김재봉金在鳳이 있었다. 그의 러시아 체류 기간은 두 사람보다 오히려 더 길었다. 그가 극동민족대회에 참석하기 위해 처음 러시아 국경을 넘어간 것이 1921년 11월 30일이었다.[44] 조선으로 되돌아온 게 1923년 5월이었으니,[45] 러시아에 체류한 기간은 도합 18개월에 달한 셈이었다. 그러나 김재봉은 새로 출범한 공산당의 책임비서로 선출된 몸이었다. 혁명운동을 진두에서 지휘해야 할 입장이었으므로, 모스크바 밀사로는 적합하지 않았다.

출발

서울에서 모스크바까지 12,000킬로미터에 달하는 머나먼 거리를 어떻게 이동할 것인가? 당시는 식민지 통치 당국의 경찰이 조선인들의 국경선 월경을 엄중히 감시하던 때였다. 특히 일본으로 오가는 연락선의 기항지 부산항과 조선·중국 국경 도시 신의주에는 경찰의 감시망이 조밀하게 펼쳐져 있었다.

밀사들은 신의주를 택했다. 조선·중국 국경선을 통과한 뒤 상해로 향하기 위해서였다. 상해에는 블라디보스토크로 직행하는 기선이 운항되고 있었다. 코민테른 파견 기관도 있었다. 뿐만 아니라 밀사들은 국경선을 무난히 통과할 수 있는 합법적인 신분을 갖고 있었다. 조동호는 《동아일보》 신문기자로 재직 중이었고, 조봉암은 《신흥청년》 잡지사 기자로서 조선기자대회에 참석하여 의안 작성 위원으로 활약한 바 있었다.[46]

조봉암이 먼저 출발했다. 언제 길을 떠났는지는 정확히 알려져 있지 않지만, 국제공청에 파견하는 고려공청 대표자 증명서 작성 일자가 1925년 5월 8일이었음을 감안하면 아마도 그 직후였을 것으로 추정된다. 그처럼 위험한 증명서를 휴대한 채 서울에서 머뭇거릴 이유가 전혀 없었기 때문이다.

  조동호는 한발 늦게 서울을 떠났다. 언제 출발했을까? 앞서와 같은 방법으로 추정한다면 그가 출발한 시점은 국제당에 파견하는 조선공산당 전권대표 〈위임장〉과 〈증명서〉가 작성된 5월 27일 직후였을 것이다. 여기서 주목할 만한 사실이 눈에 띈다. 조봉암을 조선공산당 전권대표 보좌역으로 임명한 위임장도 같은 날짜에 작성되었던 점이다. 이로 미뤄볼 때 다음 두 가지 사실을 추론할 수 있다. 첫째, 조봉암이 처음 국외로 출발할 때에는 공청 대표자 자격만을 지닌 채였다. 둘째, 조봉암에게 조선공산당 전권대표 보좌역 임무가 부가된 것은 그가 국외로 나아간 뒤 서울의 당 지도부 결정에 따라 이뤄진 일이었다.

  왜 이런 일이 일어났을까? 5월 8일과 27일 사이에 모스크바 밀사에 관한 최초 구상을 변경할 만한 사안이 발생했기 때문이었다. 애초에는 두 사람에게 각각 당과 공청의 대표자 자격을 따로따로 부여하고자 했다. 그런데 도중에 뭔가 사정이 생겨서 조봉암에게 당 대표자 임무를 겸하게 했던 것이다.

  그 사정이란 재중국 코민테른 파견 기관과 관련되어 있었다. 상해에는 이미 1920년부터 코민테른 파견 기관이 있었다. 기관의 최초 책임자는 보이틴스키였다. 그가 중국과 조선의 초기 사회주의

> T.H. Cho
> Delegate of KCP.
> Shanghai
> Aug. 8, 1925

▲ 1925년 8월 8일자 보고서의 끝장(조동호의 영문서명)
▶ 1925년 8월 22일자 보고서의 첫장

모스크바 파견자를 단일화해야 한다는 재중국 코민테른 관계자들의 바람에 따라 조봉암이 당과 공청의 대표를 겸임하여 단독으로 모스크바로 출발했다. 조동호는 상해에 머물며 조봉암의 외교를 측면에서 지원했다. 8월 8일과 8월 22일 두 차례에 걸쳐 조선공산당의 창립 경위와 활동상을 알리는 공식 보고서를 작성, 모스크바의 국제당 앞으로 발송했던 것도 그 일환이었다.

22 август 1925
4148 ■ 14.XII.1925   Shanghai, X 47
Report   Aug. 22. 1925

Works done since the 1st. Conference on
April 17th. 1925.

I. Amalgamation of four organizations:
First thing the Party has attempted to do
was the amalgamation of 4 organizations,
Wha yis hoi, Puk Poong hai, Labour Party,
and Proletarian Alliance, into one great
Party. Right after this announcement
was published in the Korean Newspapers
many greetings and letters of appriciation
were received by the Committee and all
the Korean newspapers expressed their
good wishes in their editorials, and the
public opinion to word this movement
was very favourable. Every thing was
prepared for the general Conference some
time at the begining of May, but the Japanese
Authorities afraid that some thing serious
may take place as the result of the
unification of these organizations, they
prohibited the meeting. In spite of the
high handed oppressions, a joint
Committee was formed and decided
that they would work obediently under
the instruction of the Party.

운동에 큰 영향을 끼쳤음은 이미 언급한 바 있다. 1925년에도 중국에는 여전히 코민테른 현지 기관이 있었다. 그런데 재중국 코민테른 관계자들은 모스크바 파견자를 단일화하기를 바랐다. 조선공산당과 고려공청의 외교 업무를 조봉암 한 사람이 전담하는 편이 바람직하다고 봤던 것이다. 보이틴스키로 추정되는 국제당 관계자가 모스크바 본부로 보낸 보고서에 이를 시사하는 정보가 담겨 있다. 재중국 코민테른 관계자들은 이러한 인식에 따라 서울에서 파견된 조선공산당 대표 조동호를 중국에 붙잡아 뒀다.[47] 조봉암의 모스크바 외교 성적을 지켜본 뒤 그의 행로를 정하려 했던 것이다.

　결국 조봉암이 단독으로 모스크바에 가게 되었다. 그해 6월 초였다. 상해를 떠나 블라디보스토크로 가는 여객선에 몸을 실었다. 당과 공청의 대표자를 겸임한 채였다.

　조동호는 코민테른 현지 기관과 긴밀한 연계를 유지하며 상해에 머물러 있게 되었다. 그는 조봉암 외교의 추이를 주시했다. 상해와 모스크바 사이에는 전보 교신이 가능했고, 중국·소련 간 외교 행낭을 통해 코민테른 관련 문서들의 왕래도 가능했다. 이 덕분에 조동호는 조봉암 외교의 진전 상황을 제때 접할 수 있었던 것이다. 그는 조봉암 외교를 측면에서 지원했다. 8월 8일, 8월 22일 두 차례에 걸쳐서 국제당 앞으로 조선공산당의 창립 경위와 활동상을 알리는 공식 보고서를 작성한 것은 그 일환이었다.[48] 이 문서들은 외교 행낭을 통해 모스크바로 발송되었다.

2장
조봉암의 외교

모스크바의 협력자들

조봉암이 모스크바 역에 도착한 것은 그해 6월 21일이었다. 생애 두 번째로 모스크바 땅을 밟은 셈이었다. 그 도시를 떠났던 게 불과 2년 전이었다. 그때는 동방노력자공산대학KYTB에 재학 중인 학생이었다. 1923년 1월부터 6월까지 한 학기 동안 재학했었다.[49] 그러므로 그에게는 모스크바의 길거리와 풍속이 낯설지 않았을 것이다. 물건을 사거나 길을 묻는 등의 의사소통도 어렵지 않았을 것이다.

그러나 혁명의 전략과 전술을 논하는 복잡한 의사 표현이 가능했으리라고는 생각되지 않는다. 수년 전 동방노력자공산대학 유학 중에도 강의는 통역을 통해 들어야 했었다. 그에게는 협력자가 필요했다. 국제당과 국제공청 관계자들을 만나 현안을 논의하고 문서를 통해 정확히 뜻을 전달하기 위해서는, 러시아어와 조선어를 둘 다 능숙하게 구사하는 통역이 있어야 했다. 그뿐인가. 국제

동방노력자공산대학

1925년 6월 21일, 조봉암은 밀사 자격으로 모스크바에 도착한다. 두 번째 모스크바 방문이었다. 첫 번째는 2년 전인 1923년이었다. 조봉암은 1923년 1월부터 6월까지 한 학기 동안 모스크바의 동방노력자공산대학에 재학했었다.

당과 국제공청 내부의 생소한 의사결정 과정과 복잡한 인간관계를 꿰뚫을 수 있는 식견과 정치적 감각이 필요했다.

다행스럽게도 조봉암을 도울 수 있는 협력자가 둘이나 있었다. 단지 통역 역할을 하는 데 그치는 것이 아니라 고도의 정치적 판단까지 조언할 수 있는 유능한 사람들이었다.

한 사람은 조훈曹勳이었다.[50] 조봉암보다 두 살 위인 그는 조선의 공산주의 청년운동사에서 가장 특기할 만한 인물이다. 그는 1921년 북경에서 고려공산청년회가 처음 만들어질 때부터 중앙 간부로 취임한 이래 줄곧 그 단체의 지도적 지위에 재임해왔다. 게다가 그는 국제공청과의 유대가 공고한 사람이었다. 1925년 초에는 국제공청 동방부 위원Член Вос.отдела ИККИМ으로 선임되어 아예 모스크바로 거처를 옮겼다. 그는 국제공청의 역사상 본부 최고위직에 진출한 유일한 조선인이었다. 그의 거처는 국제당을 비롯한 국제기구 간부들과 각국 공산당 파견 대표의 숙소인 '룩스' 호텔이었다.[51] 모스크바 중심가 트베르스카야 대로변에 위치한 그 호텔에서 아내 김제혜金濟惠와 함께 거주하고 있었다. 아내 김제혜는 원산 출신의 3·1운동 참가자로서 상해로 망명했던 여성 혁명가였다. 둘은 상해에서 알게 되어 결혼에 이르렀다.

조봉암도 룩스 호텔에 배정되었을 것으로 보인다. 조선공산당과 고려공청의 공식적인 파견 대표자로 공인받았기 때문이다. 조봉암과 조훈 부부는 룩스 호텔에서 함께 기거하면서 공적으로는 물론이고 사적으로도 긴밀한 관계를 맺을 기회를 가졌으리라 추측된다. 뒷날 조봉암이 조훈에게 보낸 편지는 둘 사이가 얼마나 가까웠는지를 잘 보여준다. 그들은 서로를 형, 아우라는 사적인 호칭으로 불렀다. 조봉암은 자신을 '아우'라고 자칭했다. 뿐만 아니라 개인적인 관심사에 관해 속마음을 털어놓기도 했다. 매력을 느끼는 젊은 여성에 관한 얘기나 교통편이 지체된 탓에 활동 일정이 어긋나는 데 대한 조바심 등을 아무런 거리낌 없이 토로할 수 있었다.[52]

다른 한 사람은 남만춘南萬春이었다. 조훈이 국제공청과의 교섭을 주선했다면, 남만춘은 국제당과의 외교에 도움을 주었다. 그는 조봉암보다 7년 연상이었다. 그러니까 1925년 현재 서른 네 살이었다. 일찍이 러시아에 이주한 부모 밑에 태어나서 러시아 정규 중등학교를 졸업하고 사관학교 교육을 이수했기 때문에, 교양 있는 러시아어를 구사하는 데는 누구보다도 뛰어났다. 러시아 혁명운동에 일찍부터 가담했고 재러시아 조선인들의 공산주의운동에도 초창기부터 간여해온 터라, 조봉암에게는 최상의 협력자

남만춘(1892~?)
1925년 6월 21일 모스크바에 도착한 조봉암은 조훈과 남만춘 두 명의 조력을 받을 수 있었다. 조봉암보다 두 살 위인 조훈은 국제공청 본부 최고위직에 진출한 유일한 조선인이었고, 조봉암보다 7년 연상인 남만춘은 러시아 내 조선인 공산주의운동의 중진이었다. 조훈은 국제공청과의 교섭에서, 남만춘은 국제당과의 외교에서 조봉암에게 도움을 주었다.

였다.

　남만춘은 러시아 내 조선인 공산주의운동의 중진이었다. 그는 1920년 1월 러시아공산당 이르쿠츠크현위원회 고려부 결성을 주도하고 책임자에 올랐다. 이르쿠츠크파 공산 그룹의 기원으로 유명한 이 단체는 러시아 영내에서 조직된 조선인 공산주의 단체로는 1918년 하바롭스크에서 결성된 한인사회당에 뒤이어 두 번째 되는 것이었다. 남만춘은 이후에도 줄곧 이르쿠츠크파 공산 그룹의 지도적 지위에 올랐다. 1920년 7월 이르쿠츠크에서 결성된 전로한인공산당에서는 중앙위원으로 선출되었고, 이듬해 5월에 열린 고려공산당 창립대회에서는 당 중앙위원 겸 코민테른 파견 대표자로 선출되었다.

　남만춘은 극동 지역 러시아공산당 내에서도 비중 있는 인물이었다. 1921년 8월경부터 러시아공산당 극동국 간부진의 한 사람으로 취임했다. 1924년 초엽까지 그 자리를 지켰는데, 처음에는 한인부장직을 나중에는 소수민족부장직을 맡았다.

　그렇다면 모스크바에 아무런 사적인 연고도 없는 남만춘이 왜 이 시기에 모스크바에 머물러 있었을까? 이 물음에 주목할 필요가 있다. 거기에는 평범하지 않은 곡절이 숨어 있었다. 그는 1925년 4월 초에 블라디보스토크를 떠나 모스크바로 왔다. 사적인 여행이 아니라 공무 출장이었다. 블라디보스토크에 소재하는 '고려공산당창립대표회준비위원회'(이하 '당준비회')의 책임비서로서 공적인 사명을 띠고 있었던 것이다. 당준비회는 국제당의 1924년 2월결정서에 입각하여 설립된, 조선 공산주의운동의 임시 최고 기관이었다. 조선 내지와 해외 망명지를 망라하여 통일된 공산당을 조직하는 것이 임무였다. 당준비회 내부 문건에 따르면, 남만춘의 모스크바행 사명은 국제당에 조선의 실제 사정을 보고하고, 국제당과 당준비회의 상호관계를 긴밀히 하며, 공산당 창당대회 개최를 촉진하는 데 있었다.[53] 이런 점에서 그는 당준비회의 공식 파견자였다.

그러므로 남만춘은 당준비회 책임비서 자격으로 국제당을 상대로 하는 외교 활동에 임하는 것이 합당했다. 당준비회와 무관한 공산주의 단체의 국제당 가입 외교에 협력한다는 것은 생각하기 어려운 일이었다. 그런 행위는 당준비회를 배신하는 것이었다. 그런데 놀랍게도 남만춘은 그러한 행위에 나섰다. 당준비회의 최고 책임자이면서도 그를 대표하지 않았다. 그러기는커녕 당준비회와 아무런 연계도 없이 서울에서 개최된 조선공산당 창립대회를 옹호하는 외교 활동에 임했던 것이다.

당준비회를 지지하는 사람들은 남만춘을 격렬히 비난했다. 노혁명가 이동휘는 남만춘이 당준비회 내에서 분쟁의 길을 걷고 있으며, 그러한 행위는 국제당 동방부의 보이틴스키와 결탁된 것이라고 비난했다.[54] 당준비회에 대해 거리를 두고 있던 러시아공산당 연해주당 고려부장 이영선李永善도 남만춘의 행위에 대해서는 동일한 평가를 내렸다. 당준비회 초창기인 1924년 4월부터 국제당 동방부 간부인 보이틴스키와 당준비회 책임비서 남만춘 사이에 밀약이 맺어졌으며, 남만춘은 당준비회에 대한 '적대자'이자 '배반자' 역할을 하고 있다는 것이었다.[55]

반대편에 서 있는 사람들에게는 그렇게 비칠 수밖에 없었다. 그러나 남만춘의 생각은 달랐다. 조선공산당은 조선 내지의 대중운동에 뿌리박은 공산주의 단체들에 입각해서 건설되어야 했다. 해외 망명지의 공산주의 세력은 당 중앙을 자임할 게 아니라 협력자의 위치에 머물러 있어야 한다는 것이 그의 생각이었다. 남만춘은 비교적 이른 시기부터 그러한 생각을 품었다. 베르흐네우딘스크 공산당대회가 분열된 직후에 작성된 1922년 10월 30일자 문서에 이미 그러한 복안이 제시되어 있다. 그는 조선공산당 중앙위원회의 기초를 조선 내지에서 성장한 공산주의 단체인 중립당에 두어야 한다고 주장했다. 조선 내지 중심론이었다. 그는 자기 견해에 확신을 지니고 있었다. "다시 한 번 반복하지만, 이것은 제 개인적인 확신입니다"라고 거듭 강조했다.[56] 남만춘이 당준비회에 대해 '배반'의 태도를 취한 내면의 논리적 근거는 바로 여기에 있었다.

국제당 동방부

코민테른은 많은 나라의 공산당이 가입해 있는 국제기구였던 만큼 내부 구성과 직제가 복잡했다. 각 부서마다 고유한 업무 영역과 권한이 있었다. 모스크바에 간 조봉암이 문을 두드려야 할 곳은 조선 담당 부서였다. 바로 동방부Восточный Отдел였다.[57] 이 기구가 조선 문제를 다루는 주무 부서였다.

동방부는 코민테른 본부(집행위원회)의 집행부서 가운데 하나로서 '동방'의 혁명운동을 관장했다. 동방이란 동아시아를 비롯하여, 동남아시아, 서아시아, 인도, 북아프리카 등을 지칭하는 용어였다. 일본을 제외하고는 모든 국가와 민족들이 식민지나 반식민지 상태에 놓여 있던 지역이었다.[58] 그래서 '동방'이라는 말은 코민테른의 공산주의자들에 의해 동쪽 지방을 지시하는 지리적 용어가 아니라 식민지·반식민지·종속국 지역을 가리키는 은유로 곧잘 사용되었다.

1925년 현재 동방부의 간부진은 6인의 위원들로 이뤄져 있었다. 이들의 업무 분야는 나뉘어 있었다. 위원들 가운데 수석은 이 부서의 부장заведующий직을 맡고 있던 페트로프Ф. Петров였다. 그는 동방부를 대표할 뿐만 아니라 터키, 프랑스령 식민지, 이집트, 팔레스타인, 페르시아 지역의 혁명운동을 관장했다. 그에 뒤이어 제2위의 책임자는 차장зам.зав.직을 맡은 보이틴스키였다. 그의 관장 범위는 조선을 비롯하여, 중국, 일본, 몽골 등 동아시아 지역이었다. 이어서 인도 출신의 저명한 공산주의자 로이M. H. Рой가 인도, 인도네시아, 흑인 문제를 맡았다. 이들 세 사람이 북아프리카에서 동아시아에 이르는 광대한 지역을 나눠 맡았다. 이들이 맡은 지역은 각각 근동Ближне-Восток, 극동Дальне-Восток, 중동Средне-Восток이라고 호칭되었다.

　다른 세 사람의 위원들은 직능별로 업무를 분담했다. 바실리예프Б. Васильев는 정치비서политсекретарь 겸 조직국장이었다. 그는 의안 제출권을 갖는 정치비서직을 맡고 있었을 뿐만 아니라 예산

마나벤드라 로이(1887~1954)
동방부는 코민테른에서 조선 문제를 다루는 주무부서로서 '동방'의 혁명운동을 관장했다. 1925년 당시 동방부의 간부진은 6인의 위원들로 구성되어 있었다. 이들 중 인도와 인도네시아 지역을 담당하고 흑인 문제를 맡은 이가 마나벤드라 로이였다. 로이는 1921년 타슈켄트에서 인도 공산당의 창설에 결정적 기여를 한 저명한 인도의 독립운동가이자 공산주의자였다.

집행권도 갖고 있었으므로, 동방부 내 모든 업무에 대해 폭넓은 영향력을 행사할 수 있었다. 한편 라페스M. Рафес는 선전선동국장 겸 정보국장을 맡았다. 동방부 관할하의 고등교육기관인 동방노력자공산대학과 손일선대학унив.им.Сун-Ят-Сена과의 연락도 그의 소관 업무였다. 저명한 일본인 국제주의자 가타야마 센片山潜은 특정 소관업무를 갖지 않는 무임소 위원으로 재직 중이었다.[59]

이 위원들은 10여 명에 이르는 실무진의 보좌를 받았다. 조사관референт, 정보관информатор, 기능 비서, 타자수 등이 그들이다. 이들은 각 위원별로 2~3인씩 분속되어 있었다. 이중에서 조사관의 권한이 적지 않았다. 조사관은 위원단의 요청에 따라 위원단 회의에 참가할 수 있었으며, 특히 각국의 세부적인 문제를 심의할 때는 해당 조사관이 반드시 참여하게 되어 있었다.[60] 1925년도에 극동 지역을 관장한 보이틴스키에게는 3인의 조사관이 배정되어 있었다. 그중 한 사람은 조선을 담당하는 조사관이었을 것이다.

동방부 위원들은 누구나 다 조선 문제에 개입할 수 있는 위치에

가타야마 센(1859~1933)
1925년 당시 동방부의 간부진 6인 가운데 한 명이던 가타야마 센은 일본의 저명한 노동운동가이자 혁명가였다. 본명은 야부키 간타로薮木菅太郎. 1912년 코민테른 상임집행위원으로 소련에 머물면서 일본의 공산주의 운동을 지도했던 가타야마는, 동방부에서는 특정 소관업무를 갖지 않는 무임소 위원으로 재직하고 있었다.

있었다. 이들은 조선 문제를 담당하는 코민테른의 고위 관료였으므로 조봉암 외교의 성패를 좌우할 수 있는 힘을 지니고 있었다. 하지만 그중에서도 특히 3인의 영향력이 컸다. 보이틴스키는 조선 문제 주무 책임자이고, 동방부 내에서 가장 오랫동안 극동 문제를 다룬 전문가였다. 그의 영향력 크기를 다른 사람과 비교하는 것은 무의미할 정도였다. 바실리예프도 그에 지지 않았다. 그는 동방부 정치비서로서 조선 문제에 관한 안건을 준비하고, 조선 문제에 관한 모든 우편물을 관리하며, 국제당 문서의 배포 범위를 결정하는 권한을 갖고 있었다.[61] 조선 문제를 다루는 핵심 관계자라고 할 수 있었다. 가타야마도 역시 조선 문제에 관해 여러 차례 간여한 전력이 있었다. 1922년에는 국제당 조선문제위원회 위원의 한 사람으로 12월결정서 채택에 참여했고, 1923년 11월에는 분쟁에 휩쓸린 국제당 고려총국을 수습하기 위해 연해주에까지 출장을 왔었다. 게다가 동방부 위원이었기 때문에 앞서 말한 두 사람 못지않은 영향력을 행사할 수 있었다.

이들 가운데 보이틴스키와 바실리예프, 두 사람의 행위에 주목할 필요가 있다. 이들이 조봉암의 모스크바 외교에 적극적으로 협력했기 때문이다. 두 사람은 조선 문제에 관해서는 항상 동일한 태도를 취했다. 미리 물밑에서 의견을 조정하지 않고서는 나타나기 어려운 현상이었다. 동방부의 다른 위원들이 개별적이고 독립적으로 판단하는 양상을 보인 것과 좋은 대비를 이뤘다. 국제당 동방부 내에서 비공식적인 '의견 그룹'이 작동되고 있었다는 혐의를 두지 않을 수 없다.

이를 뒷받침하는 증언은 쉽게 찾을 수 있다. 조선공산당의 비주류에 속하는 박진순朴鎭順은 "보이틴스키와 바실리예프 동무 등은 조선공산당 대표자들과 한 통속이 되어 그들이 만든 공산당을 국제당의 조선 지부로 승인받기 위해서 국제당 집행위원회 지도자들을 기만"했다고 말했다.[62] 뒷날 고려공청 대표자로 모스크바에 파견된 고광수高光洙는 보이틴스키와 바실리예프를 국제당 간부직에서 해임시켜 달라고 요구하는 격렬한 비난의 글을 썼다. 조선의 특정한 공산 그룹만을 편파적으로 지원함으로써 '조선의 분파 투쟁을 부채질한 인물'들이기 때문이었다.[63]

이 그룹을 '보이틴스키 그룹'이라고 부를 수 있다. 그 구성원들 가운데 중요한 역할을 지속적으로 수행한 인물이 보이틴스키였기 때문이다. 그가 항상 최상급의 지위에 있었던 것은 아니다. 1921~23년에는 슈마츠키Б. Шумяцкий, 사파로프Г. Сафаров 등이 더 높은 지위에서 중요한 역할을 했다. 하지만 그들이 머지않아 조선 문제에서 손을 뗀 데 반해서, 보이틴스키는 조선 문제에 관련을 맺은 시기가 훨씬 길었고 또 중단된 적이 없었음에 주목할 필요가 있다.

보이틴스키 그룹이란 코민테른의 동방·식민지 관련 부서에서 다년간 조선 관련 업무에 종사한 외국인 공산주의자들이 비공식적으로 가동하던 사적인 의견 그룹을 가리킨다. 이 그룹이 처음 형성된 것은 1921년 2월에 코민테른 극동비서부가 설립된 때라고 볼 수 있다. 그 후 보이틴스키 그룹은 동방부, 극동부(혹은 원동부), 조선위원회 등과 같은 국제당의 다양한 조선담당부서 속에서 영향력을 발휘해왔다.

보이틴스키 그룹은 조선 공산주의운동 내부의 여러 세력을 동등하게 대하지 않았다. 그들 가운데 어느 하나를 선별적으로 지지하는 입장을 취했다. 1921~23년 시기는 조선운동권 내에서 상해파 공산당과 이르쿠츠크파 공산당 사이의 적대적 분쟁이 격렬하던 때인데, 보이틴스키 그룹은 시종일관 후자를 지지했다. 이러한 태도는 초창기 조선 사회주의운동에 내분을 가져온 원인의 하나가 되었으며, 더 나아가 그를 격화시켰다는 평가를 받았다.

1923년 하반기에 이르러 보이틴스키 그룹의 조선측 파트너에 변동이 생겼다. 이르쿠츠크파 공산 그룹이 분열되어 '국민의회 그룹'과 '원조 이르쿠츠크 그룹'으로 나뉘었기 때문이다. 보이틴스키 그룹은 새로운 방침을 표방했다. '조선 내지 중심론'이 그것이다. 조선 내지에 대중적 기반을 가진 공산 그룹을 기반으로 조선 공산주의운동의 중심기관을 결성하겠다는 입장이었다. 이에 따라 서울의 합법 사상 단체 화요회를 중심으로 활동하던 비밀 공산주의 그룹, 즉 화요파 공산 그룹이 새로운 파트너로 떠올랐다. 국민의회 그룹은 보이틴스키의 의사에 반대했다. 그러나 그들을 제외한 구舊이르쿠츠크 그룹은 달랐다. 그들은 보이틴스키의 의도를 충실히 따랐다. 독립적인 공산 그룹 조직을 해체하고 그 대신에 화요파 공산 그룹 조직에 합류하는 길을 택했다. 남만춘·이성·조훈 등을 비롯한 원조 이르쿠츠크파, 여운형·조동호 등을 중심으로 하는 재상해 이르쿠츠크파, 김재봉을 위시한 조선 내지 이르쿠츠크파가 그 길을 걸었다. 이것이 바로 비주류 공산주의자들이 비난하던 '보이틴스키-남만춘 밀약'의 실체였다.

　보이틴스키 그룹의 규모와 관련해서, 조선공산당의 또 다른 비주류측 문서에는 매우 흥미로운 정보가 담겨 있다. 국제당 내에 조선 문제를 둘러싸고 몇 개 그룹이 나뉘어 있는데, 그중 하나가 지노비예프, 보이틴스키, 바실리예프 등으로 이뤄져 있다는 것이다.[64] 지노비에프와 보이틴스키가 함께 거론되는 점에 눈길이 간다. 지노비에프 그룹은 1923년 이래 러시아공산당 내부의 유력한 분파로서 1927년 말에 이르기까지 강력한 세력을 떨쳤음을 상기하자. 또한 지노비에프가 국제공산당 창설 이래 7년 동안 줄곧 최고위 직책인 의장직에 재임한 사실도 주목하자. 이는 보이틴스키 그룹이 동방부 내부에만 한정된 의견 그룹이 아니었음을 시사한다. 그것은 러시아공산당과 국제당 여러 부서에 걸쳐서 광범한 배후 세력을 갖고 있었다. 다시 말해 보이틴스키 그룹은 러시아공산당과 코민테른 내부에 널리 분포해 있는 강력한 지노비에프 그룹의 일환이었던 것이다. 그러므로 '보이틴스키 그룹'의 성쇠는 러시아공산당 내 지노비에프 그룹의 진퇴와 밀접한 관련을 맺을 수밖에 없었다.

　조봉암이 찾아간 국제당 동방부는 바로 이러한 조건 아래에 놓여 있었다. 그는 국제당 고위 관료들 속에서 강력한 호응을 얻었다. 지노비에프를 정점으로 하는 보이틴스키 그룹이 조봉암의 외교 활동을 후원했다. 이 그룹의 영향력이 미치는 범위는 모스크바만이 아니었다. 블라디보스토크의 국제당 연락부, 상해의 국제당 원동부에서 일하는 조선담당관들도 거의 다 이 그룹의 영향력 안에서 움직이고 있었다. 이런 현상은 지노비예프가 국제당 의장직에서 물러나는 1926년 12월까지 변함없이 지속되었다. 또한 1927년 12월 2일~19일 러시아공산당 15차당대회에서 트로츠키·지노비예프 연합 반대파에 속하는 75명의 간부들이 제명될 때까지도 어느 정도 지속되었다.

미츠케비치위원회

미츠케비치, 가타야마, 바실리예프, 포킨(공청에서) 동무, 그리고 한 사람의 조선인 동무로 위원회를 구성한다. 기한은 5일간.[65]

국제당 집행위원회 비서부는 1925년 9월 3일에 열린 회의에서 '조선 문제'에 관해 이렇게 결정했다. 조선 문제를 심의하는 특별위원회의 설립이 필요하다고 판단했던 것이다. 조봉암이 모스크바에 도착한 지 두 달 보름이 지난 뒤였다.

그 기간 동안 조봉암은 국제당과 국제공청 건물을 빈번하게 출입했다. 두 기관의 동방 관련 부서를 찾아가 조선담당관들을 만나기 위해서였다. 남만춘과 조훈이 그와 동행했고, 통역을 맡았다. 의사 교환은 대화로 이뤄졌지만 문서도 오갔다. 특히 국제기관의 공식적인 결정을 이끌어내기 위해서는 문서상의 근거 있는 문제 제기가 요청되었다. 조봉암은 국제당에 제출할 문서 작성에 몰두

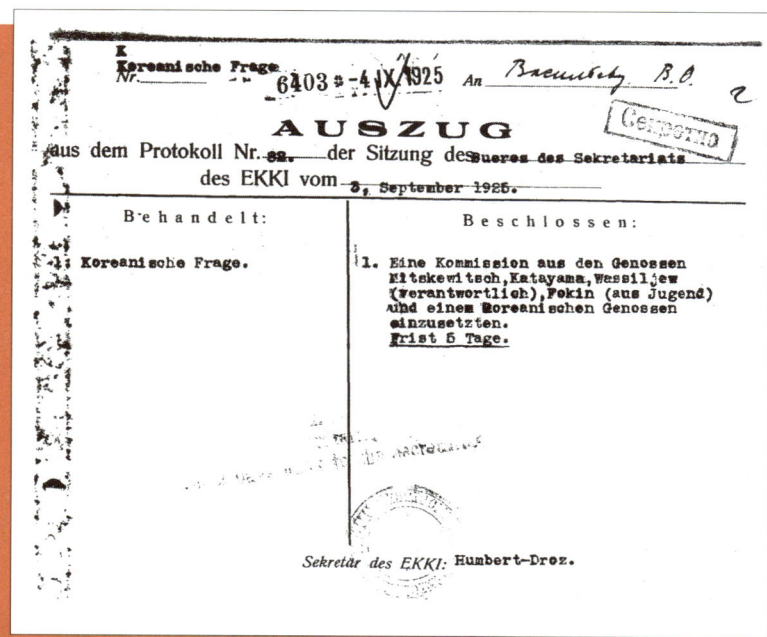

조선위원회 구성에 관한 국제당 비서부의 결의

국제당 집행위원회 비서부는 1925년 9월 3일 회의에서 '조선 문제'에 대해 조선 문제를 심의하는 특별위원회 설립을 결정했다. 미츠케비치, 가타야마, 바실리예프, 포킨과 한 명의 조선인으로 구성된 위원회를 만들어 5일간 활동하도록 한 것이다. 조봉암이 모스크바에 도착한 지 두 달 보름이 지난 뒤의 일이었다.

했다.

유감스럽게도 국제당에 제출하는 정식 보고서는 아직 발견되지 않았다. 하지만 보고서 집필을 위해 작성한 메모 조각들은 지금도 구코민테른 문서보관소에 남아 있다. 〈보고초건報告草件〉이라는 제목의 5쪽짜리 메모, 〈방침문제〉(4쪽), 〈조직사업〉(2쪽), 〈Ⅲ. 공산주의운동: 공산주의적 구루뿌의 랴사〉(1쪽), 〈Ⅳ. 공산청년회의 자체 사업〉(1쪽), 〈서울청년회에 대한 보고〉(8쪽), 〈고공청 일반운동 상황 보고〉(13쪽) 등의 문서 조각이 그것이다. 이 조각들 가운데 어떤 것에는 빈칸에 의미 없는 낙서가 잔뜩 쓰여 있기도 했다. 예컨대 'Тверская'(뜨베르스까야), '고공청高共靑', '월부月付로 하자', '보름 동안', '10월 보름 일부인日付印' 등의 낙서가 무질서하게 휘갈겨져 있다. 조봉암은 이 초고를 활용하여 정식 보고서를 완성했을 것이다.

조봉암의 노력은 국제당 내부에서 공식적으로 '조선 문제'를 논의하도록 이끌었다. 동방부는 조선 문제를 최고위 집행기관인 국제당 집행위원회에 상정했으며, 집행위원회 비서부는 이 문제를 심의하기 위해 특별위원회를 조직하기로 결정했다.

조선문제위원회 위원은 5명이었다. 이들은 조선 문제를 심의하는 데 꼭 필요한 기구들 내에서 차출된 사람들이었다. 미츠케비치는 국제당의 최고위 집행기관인 간부회президиум 위원으로서, 이 위원회의 의장이었다. 그래서 이 위원회는 의장의 이름을 따서 미츠케비치위원회라고 불렸다. 가타야마와 바실리예프는 국제당 동방부의 위원들이었고, 포킨은 국제공청 동방부 비서였다. 조선 문제에 관한 한, 국제기관 내부의 전문가들이었다. '한 사람의 조선인'은 누구인가. 이름이 명시되어 있지는 않지만 조선공산당 파견 대표자 조봉암이었을 것으로 추정된다.

  활동기간이 짧은 점이 눈길을 끈다. 5일간이었다. 미츠케비치위원회에 부과된 업무가 극히 한정된 것이었음을 시사한다. 바로 조선문제결정서를 입안하는 것이었다. 입안된 결정서는 국제당 비서부와 간부회의 의결을 통해 효력을 갖게 될 터였다. 활동 시한이 짧게 설정된 이유는 선행 작업이 국제당 동방부에 의해 이미 수행되어 있었기 때문이었다.

  동방부는 조선위원회 위원을 둘이나 냈을 뿐 아니라 조선 문제에 관한 논의 초안을 작성하는 역할도 맡았다. 조선 문제 관련 주무 부서다운 면모를 뚜렷하게 보여주고 있다. 문서의 초안 작성에 관한 업무는 정치비서인 바실리예프에게 맡겨졌다. 그는 〈조선문제결정서 초안〉을 작성했다. 〈행동강령 초안〉, 〈슬로건 초안〉 등도 입안했다. 조선 공산주의운동의 정치적, 조직적 현안 문제들을 한꺼번에 타결할 기세였다. 이 초안들은 동방부와 조선위원회 위원들에게 회람되었다. 수정할 사항이 있으면 의견을 제시해 달라는 요청이 부가된 채였다.

약점

> 국제당에서 이번에 성립된 조선공산당과 중앙간부를 유일한 것으로 승인하고 변경함이 없을 것.[66]

조봉암은 〈결정서에 대한 의견서〉에서 이렇게 썼다. 미츠케비치 위원회에서 채택할 〈조선문제결정서 초안〉에 대해 자신의 의견을 제시했던 것이다. 의견서에 명시한 조항 숫자는 11개였지만, 그 가운데 핵심 조항은 위에서 인용한 제3항이었다. 먼 길을 마다않고 모스크바에 온 가장 큰 목적이 바로 여기에 담겨 있었다. 1925년 4월 17일 서울에서 비밀리에 개최된 '조선공산당 창립대표회'를 인정해 달라고 요구한 것이다. 그 당을 국제공산당의 지부로 인정하고, 대표회 석상에서 선출된 중앙집행위원회를 국제공산당의 유일한 교섭 파트너로 승인해 달라는 주장이었다. 승인뿐만 아니라 "변경함이 없을 것"까지 요구했다. 대표 조봉암의 절실한 심

조봉암이 자필로 쓴 〈결정서에 대한 의견서〉

동방부의 바실리예프는 〈조선문제결정서 초안〉을 작성했다. 조봉암은 이에 대해 11개 조항으로 이루어진 〈결정서에 대한 의견서〉를 냈다. 이 가운데 1925년 4월 17일 서울 아서원에서 비밀리에 개최된 '조선공산당 창립대표회'를 인정해 달라고 요구한 3항은 특히 주목된다.

정을 엿볼 수 있는 대목이다.

그러나 조봉암에게는 약점이 있었다. 당창립대표회가 개최되었음을 객관적으로 입증할 만한 증빙이 없었던 것이다. 어느 나라 공산당이든지 창립대회에서 채택하기 마련인 문서들을 그는 휴대하지 못했다. 구체적으로 정치적 목표를 제시하는 〈강령〉이나 조직 체계와 운용 방식에 관한 〈규약〉, 현안 문제에 대한 정책을 담은 당의 〈결정〉 같은 문건들이 그에게는 없었다. 국제당 동방부와 조선위원회 위원들을 설득할 수 있으려면 그게 필요했다. 물론 조봉암이 제출한 공식적인 보고서가 있었다. 하지만 그것이 당대표회 문건을 대체할 수 있는 것은 아니었다.

이 곤경을 벗어나야 했다. 이때 협력자들이 나섰다. 남만춘과 조훈이 가세하여 대응 논리를 개발해냈다. 세 사람은 장문의 〈결정서 초안에 대한 의견서〉를 작성했다. '4월대회에서 결성된 조선공산당 대표 박철환 동무와 조선공산당 일꾼 조훈·남만춘 동무' 세 사람의 공동 명의였다. 남만춘이 집필한 것으로 보인다. 러시아어에 능통할 뿐만 아니라 공산당 업무에 대해서는 그가 조훈보다 더 정통했기 때문이다.

의견서에는 "대회에서 채택된 강령, 규약, 결정은 당의 다른 대표자 조동호 동무가 갖고 있기 때문에 동방부에 제때에 제출하지 못했다"고 해명되어 있다.[67] 대회 문건은 전권대표 조동호가 지니고 있는데 그가 지금 상해에 체류 중이라는 말이었다. 시간만 준다면 얼마든지 제출할 수 있다, 그러므로 자료가 접수되지 않았다고 해서 조선공산당 가입 문제 심의를 늦춰서는 안 된다고 주장했다. 당의 출현을 바라는 조선 혁명의 요구가 급박하므로 속히 문제를 해결하라고 조선문제위원회를 압박하기까지 했다.

세 사람은 그 밖의 약점에 대해서도 대응 논리를 만들어냈다. 4시간 만에 창립대회가 종료되었다는 조봉암의 설명에 대해 국제당 관계자들은 고개를 갸우뚱거렸다. 어떻게 그 짧은 시간 안에 정책을 심의하고 문서들을 채택하며 간부진을 선출할 수 있는지 의구심을 품었던 것이다. 이에 대한 세 사람의 답변을 들어보자.

실제로는 대회는 4일간 계속되었습니다. 대회의 모든 문건과 테제는 조동호 동무를 수반으로 하는 준비위원회가 사전에 마련했습니다. 미리 선발된 조그만 위원회에서 3일간 심의가 이뤄졌습니다. 테제와 결정을 작성할 때에 국제당과 중국공산당의 문건을 참고했습니다. 공식 대회에서는 다만 불일치가 노정된 문제만 심의했고, 결정은 낭독 후 채택되었습니다. 경찰이 감시하는 비상 조건 속에서 정상적으로 대회를 개최할 가능성은 없었습니다.[68]

세 사람은 일본 경찰의 면밀한 감시망 속에서 비밀리에 회합이 이뤄졌음을 강조했다. 따라서 합법 활동이 가능한 곳에서 행하는 것처럼 정상적으로 대회를 개최할 수 없음을 감안해야 한다고 주장했다. 그런 조건 속에서도 당대회는 사실상 4일간 계속된 거나 진배없다고 환기했다. 미리 선발된 소수의 준비위원회가 3일간에 걸쳐 모든 문건을 사전에 입안했기 때문이다. 대회 당일에는 '불일치가 노정된 문제'만 토론되었고 나머지는 모두 원안대로 통과되었다는 말이었다.

강령 논쟁

> 해방 후에는 소비에트식(민중적) 공화국을 건설할 것. 보통선거식, 비밀투표 선거식으로 하되, 침략주의를 옹호하는 친일파 또는 그 주구에게는 선거 급 피선거권이 무無함.[69]

조봉암은 〈강령 및 표어에 대하여〉라는 제하에 자신의 의견을 이렇게 표명했다. 동방부 위원 바실리예프가 작성한 〈조선공산당 행동강령과 슬로건 초안〉에 대해 첨삭 의견을 제시한 것이다. 조선혁명을 성공시킨 뒤에는 소련과 마찬가지로 소비에트공화국을 건설한다는 복안이었다. 조봉암은 소비에트공화국을 조선어로 '민중공화국'이라고 표현할 수 있다고 생각했다. 그에게 두 용어는 같은 말이었다. 조봉암은 친일세력에게는 공민권을 박탈한다는 단서 조항을 달았다. 단서조항이야 논란이 되지 않겠지만 문제는

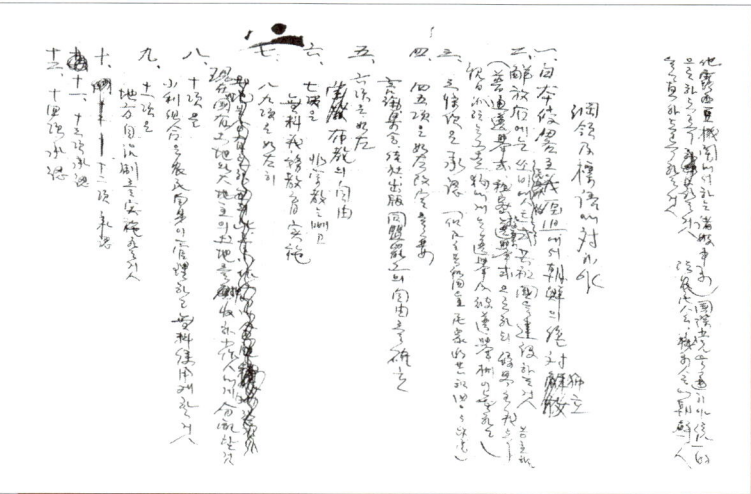

조봉암이 작성한 〈강령과 표어에 대하여〉 원고

바실리예프는 〈조선문제결정서 초안〉뿐만 아니라 〈행동강령 초안〉과 〈슬로건 초안〉 등도 입안했다. 조봉암은 〈강령과 표어에 대하여〉라는 글을 통해 바실리예프가 작성한 안에 대한 자신의 의견을 표명했다. 거기에는 조선 혁명을 성공시킨 뒤 소비에트식 공화국을 건설한다는 복안이 담겨 있었다.

해방 후에 건설할 국가의 형태에 관한 것이었다.

　민중공화국에 대한 조봉암의 생각은 확고했다. 그는 바실리예프의 방안을 뚜렷이 부인했다. 바실리예프 초안 제2항에는 "보통, 평등, 직접, 비밀선거에 기반한 민주공화국демократическая республика 수립"이 제시되어 있었다.[70] 조봉암은 그 조항에서 "민주공화국을 민중적 공화국으로 개정"해야 한다고 명시하기까지 했다. 국제당 동방부가 제시하는 민주공화국 수립론을 배격하고 소비에트 공화국 수립론을 주장했던 것이다.

　남만춘은 난처했다. 그가 보기에 조봉암의 의견은 국제당 내부 논의 지평을 벗어났을 뿐 아니라 조선 실정을 무시한, 지나치게 좌경적인 것이었다. 그래서 남만춘은 조봉암의 의견을 러시아어로 옮기되, 직역이 아니라 간접적이고 우회적인 번역 방식을 택했다. 자신의 의견과 해석을 개입시키기 위해서였다. 남만춘은 러시아어 번역문 속에서 박철환을 타자로 지칭했다. "박철환 동무는 바실리예프 동무가 제안한 슬로건의 다음 조항에 대해 동의하지 않습니다"라고 썼다. 남만춘은 조봉암이 말하는 민중공화국이란 소비에트 권력과 민주공화국 사이의 중간적인 제도를 건설한다는 개념이라고 해설했다. "소비에트공화국 구호는 민족 혁명 부르주아지를 위축시킬 것이고, 민주공화국 구호는 노동자·농민 대중을 위축시킬 것"이기 때문에 그처럼 중간적인 국가권력 형태를 제시했다고 설명했다.[71]

　그러나 이 해설은 전적으로 남만춘의 창작이었다. 조봉암의 속뜻과는 거리가 멀었다. 남만춘의 행위는 국제당 관계자들에 대한 고려 때문에 나온 것이었다. 식민지 조선에서 소비에트공화국을 세운다는 말은 그들에게는 조선에 사회주의 공화국을 수립한다는 말로 들릴 터였기 때문이다. 조봉암의 주장은 터무니없는 것으로 받아들여졌을 것이다. 국제당 내부 논의를 잘 이해하고 있는 남만춘은 이를 감안했다. 그래서 왜곡을 무릅쓰고 자기 생각을 끼워 넣었던 것이다.

1925년 9월결정서

바실리예프가 작성한 〈조선문제결정서 초안〉은 동방부 내부 심의와 미츠케비치위원회의 논의를 거쳤다. 그를 통해 여러 차례 수정이 이뤄졌다. 미츠케비치위원회는 조선문제결정서 문안을 최종적으로 확정한 뒤 그것을 국제당 간부회the presidium of the ECCI 회의석상에 올렸다. 간부회는 1925년 9월 21일자 회의에서 그 결정서를 채택하기로 결정했다.[72] 이때부터 결정서는 실질적으로 효력을 갖게 되었다. 이 때문에 그것을 '9월결정서'라고 부르곤 한다.

9월결정서는 조선공산당의 지위와 국제당과의 상호관계를 규정한 역사적인 문서다. 조봉암 외교의 성패를 가르는 결산서이기도 했다. 이 결정서의 정식 명칭은 〈조선 문제에 관한 국제당 간부회의 최종 결정: 조선공산단체의 당면 과제〉였다. 의아심이 든다. 왜 '조선공산당'이 아니라 '조선공산단체'라고 표현했을까. 이 의문은 처음 몇 조항을 읽어보면 금방 풀 수 있다.

WK/K
1034/5

ТРКИВ
КОМИНТЕРНА

Р 53

THE LAST RESOLUTION OF THE PRESIDIUM OF THE ECCI
ON THE KOREAN QUESTION
ADOPTION SEPTEMBER, 1925.

THE IMMEDIATE TASK OF THE COMMUNIST ORGANIZATION OF KOREA.

1. The report of the representative of the Communist Party of Korea concerning the Congress held in April, 1925, of the strongest Communist organizations in Korea, at which the unification of these groups and the election of a Central Committee was undertaken, has been noted. The question of a concrete endorsement of the decisions of this congress is to be deferred until the receipt of all material.

2. As a result of the organisation of this centre of the Communist movement, the Vladivostok Bureau is to be dissolved.

3. The Comintern must continue the work in the direction of the gathering and unifying of the Communist forces and the development of the Communist movement in Korea, in the course of which it must take as its base the Central Committee elected by this Congress of the Communist organisations of Korea.

4. All Communist Korean emigrant groups (in Vladivostok, Shanghai, etc) must affiliate to the local Communist organisation (in the form of Russian, Chinese, etc., Communist groups). In questions of work for the Party the emigrant groups in Korea can function only as auxiliary groups under the general direction of the CC of the Communist Party of Korea. The organisation of the Kando district must be recognised as a chief factor of the Korean Communist organisation as a whole (and not as an emigrant organisation), with an autonomous Party committee working under the direction of the CC of the Korean Communist Party and bringing its activity into harmony with the CC of the Chinese Communist Party.

9월결정서 첫 페이지

간부회는 1925년 9월 21일자 회의에서 바실리예프의 〈조선문제결정서 초안〉 수정·보완본을 채택하기로 결정한다. 이에 따라 이 9월결정서는 이후 실질적으로 효력을 갖게 된다.

2장 _ 조봉암의 외교

이 결정서는 15개항으로 이뤄져 있다. 이 항목들을 내용상으로 몇 개 그룹으로 나눌 수 있다.

9월결정서의 앞자리 세 조항은 조봉암의 최대 관심사, 즉 조선공산당의 국제당 가입 여부에 대해 언급하고 있다. 승인 여부에 관한 판정은 제1항에 명시되었다. "조선공산당 창립대회의 결정을 구체적으로 승인하는 문제는 모든 자료가 도착할 때까지 연기한다."[73] 결국 대회 문건 자료가 끝까지 문제가 되었던 것이다. 창당대회의 강령과 규약, 결정서 등을 검토하지 않고서는 그 당의 가입 여부를 판정할 수 없다는 것이 국제당의 기본 입장이었다. 거증 자료의 미흡이 이런 결과를 가져왔다.

그렇다면 조봉암은 실패한 것인가. 아니다. 가입을 흔연히 승인하지는 않았지만 그렇다고 거절한 것도 아니었다. 승인 여부의 판정을 '연기'했을 뿐이다. 이 조항은 국제당과 조선공산당의 상호관계를 명시한 제3항과 함께 읽어야 한다. 제3항을 보면, 국제당은 조선 공산주의운동의 발전을 위해 계속 노력해야 하며, "그 과정에서 조선공산단체 대회에서 선출된 중앙위원회를 기지로 삼아야 한다"고 명시되어 있다. 다시 말해서 승인 판정을 연기했지만, 최종 판정이 내려지기 전이라 하더라도 '조선공산단체' 중앙위원회를 국제당의 기지로 삼는다고 결정했던 것이다. 사실상의 승인과 다름없는 조치였다. 당시 조선공산당원들은 이러한 상태를 '잠정 승인'으로 인식했다. 조선공산당이 아니라 '조선공산단체'라고 표현한 까닭도 이 맥락에서 찾아야 한다. 공식적인 승인이 이뤄지기 전이므로 '당'이라고 지칭할 수 없어서 그렇게 했던 것이다.

조봉암 외교의 큰 승리였다. 거증 자료를 갖춘다면 정식 승인은 따 놓은 당상이나 다름없는 결정이었다. 조봉암이 외교적 승리를 거뒀음을 보여주는 다른 하나의 지표는 제2항이었다. "공산주의 운동의 중심이 조직된 결과, 블라디보스토크 뷰로는 해산되어야 한다"는 내용이었다.[74] 여기서 말하는 블라디보스토크 뷰로란 블라디보스토크에 소재하는 '고려공산당창립대표회준비위원회'를 가리킨다. 국제당은 그때까지 조선 공산주의운동의 최고 기관으로 인정했던 '당준비회'를 설립 이후 1년 5개월 만에 해산하라고 결정했던 것이다. 당준비회의 지위와 사명을 '조선공산단체 중앙위원회'에 넘긴다는 뜻이었다. 이러한 놀라운 결정이 이뤄진 것은 당준비회 대표자 남만춘의 태도 변화와 깊이 연관되어 있었다. 그는 당준비회 책임비서이자 모스크바 파견대표라는 최고위급 간부였다. 그럼에도 불구하고 그는 자기 소속 단체의 이익이 아니라 경쟁자의 이익을 위해 일했다. 이 때문에 당준비회는 무방비 상태에서 그리고 자신의 입장을 표명할 아무런 대변인도 없는 상태에서 해산을 요구받았던 것이다.

제4항은 해외 망명지 공산주의자들의 조직 형태에 관해 규정했다. 제4항에서는 해외 공산주의자들을 둘로 구분했다. 러시아령 연해주와 중국령 상해의 조선인 공산주의자들은 각각 해당 국가의 공산당에 가입하되, 조선운동에 대해서는 보조적인 역할만 수행해야 한다고 썼다. 반면 간도 지역은 달랐다. 그곳의 조선인 공

산주의 단체는 조선공산당의 유기적인 일부로 간주되었다. 조선공산당은 바로 이 조항에 의거하여 만주총국을 설립할 수 있었다. 9월결정서는 재만주 조선인 공산주의 역사에도 중요한 변곡점을 제공했다.

뒤이은 조항들은 조선공산당의 조직 활동의 지침에 관한 것이었다. 비합법 비밀 기구와 세포 조직을 강화할 것, 신입 당원은 노동자와 농민층에서 충원할 것, 지방 당조직을 발전시키기 위해 3~5인의 지도원을 각지로 순회시킬 것 등이 강조되었다. 9월결정서는 선전 활동의 지침에 대해서도 언급했다. 합법적 당기관지를 발간하고, 노동조합과 농민 단체의 간행물을 장악하기 위해 노력하라고 권유했다.[75]

이어서 대중운동과 민족운동의 정책에 관한 조언이 뒤를 이었다. 이중에서 민족통일전선 정책에 관한 규정이 눈길을 끈다. 9월결정서는 광범한 군중을 민족해방투쟁으로 이끌어야 한다고 제안했다. 그를 위해 "노동자, 농민과 더불어 다른 근로 계층인 수공업자, 인텔리겐챠, 쁘띠 및 중급 부르주아지와 단결해야 한다"고 강조했다. 노동자, 농민, 소시민, 중급 부르주아지 4대 계급 동맹론을 견지하고 있음이 뚜렷하게 드러난다. 한편 제12항에서는 종교 단체에 포함되어 있는 대중을 반일투쟁으로 이끌기 위해 매우 주의 깊은 태도를 취할 것을 조언했다. 조선공산당이 1924~25년 시기에 열성적으로 추진해 오던 반종교운동에 대한 비판이었다. 완곡한 표현이지만 그 같은 운동을 중단하라고 촉구하는 것이었다.

민족통일전선의 조직적 형태로는 정당을 제시했다. 9월결정서는 그 당을 '민족혁명당'이라고 불렀다. 당시 국민 혁명을 선도하던 중국국민당을 모델로 간주하는 견해였다. 결정서 제8항에는 "조선의 민족혁명당을 중국국민당 패턴에 따라서 형성하는 문제를 명백히 해야 한다"고 명시되어 있다.

9월결정서에는 뜻밖에 군사 문제에 관한 결정도 포함되어 있었다. 제14항을 보자. "중앙위원회와 지방당 단체는 빨치산운동과 관계를 맺고 그들을 획득하기 위해서 각별한 주의를 기울여야 한다"고 명시되어 있었다.[76] 조중 국경지대와 연해주에서 조선인 무장부대들이 왕성하게 활동하던 3·1운동 직후와는 정세가 사뭇 다른 시기였다. 그럼에도 불구하고 조선공산당이 비정규군 형태의 군대를 편성해야 하는 이유는 무엇일까.

국제당 동방부의 관료들이 생각하기에, 그것은 고조되는 중국 혁명을 돕기 위한 국제주의적 정책이었다. 당시 중국에서는 상해 5·30운동 이후 전국적으로 혁명의 파고가 높아지고 있었다. 광동에 본거지를 둔 국민정부는 국민혁명군을 조직하여 북벌을 착착 준비 중이었고, 대도시의 파업운동과 농촌지대의 농민운동이 급격히 고양되었다. 이에 맞서 만주에 본거를 두고 있는 봉천파 군벌 장쭤린張作霖 세력이 반혁명의 버팀목 중 하나로 활약하던 형세였다. 국제당 동방부 담당관들은 3·1운동 직후에 만주에서 활발히 활동하던 조선인 반일 무장부대들이 조선공산당의 지도하에 부활하기를 기대했다. 그리하여 장쭤린 군벌을 배후에서 위협하는 국제주의적 기여를 해 주기를 바랐다. 동방부 담당관들은 자신들의 기대를 곧바로 현실화할 수 있으리라고 판단했다. 9월결정서 내부에 군사 문제를 포함시킨 것은 바로 이 때문이었다.

국제공청 외교

국제공청 외교는 훨씬 더 수월했다. 국제공청 동방부 비서 포킨Фо кин이 고려공청에 대한 열렬한 지지자였기 때문이다. 그뿐 아니라 조봉암에 대한 든든한 협력자 조훈 자신이 국제공청 동방부 위원이었다. 조선공산당의 국제당 가입 문제에 비하면 국제공청 외교는 그다지 큰 문제가 아니었다.

조봉암이 국제공청 앞으로 제출한 것으로 보이는 문서들이 남아 있다. 〈고려공산청년회제1차창립대표회〉라는 제하의 6쪽 분량의 국한문 펜글씨 문서에 눈길이 간다.[77] 고려공청 창립대회가 어떻게 준비되었는지, 어떤 사람들이 참석했는지, 안건은 무엇이었고 어떤 결정이 내려졌는지, 조선 혁명의 전략과 전술은 무엇인지, 중앙간부에는 어떤 사람들이 선출되었는지 등이 세세히 적혀 있다. 문서를 누가 언제 작성했는지는 명시되어 있지 않지만 그에 대한 추정은 어렵지 않다. 내용상으로 볼 때 이 글은 극소수만이 작성할 수 있었기 때문이다. 고려공청 창립대회의 내밀한 비밀을 속속들이 알고 있으며 그 내용을 국제공청 앞으로 제출할 수 있는 사람, 그럴 가능성이 있는 사람은 둘이었다. 바로 고려공청 책임비서 박헌영 아니면 모스크바에 파견된 고려공청의 전권대표 조봉암이다. 나는 후자가 썼다고 판단한다. 필적을 비교해 보았다. 박헌영의 또박또박 성실한 필체보다는 조봉암 특유의 달필에 가까운 글씨로 쓰여 있다. 원고가 쓰인 재료에도 주목하자. 가로 세로로 밑줄이 그어진, 모스크바의 각급 학교에서 흔하게 사용하던 모눈종이 공책이었다. 그즈음 서울의 박헌영이 모스크바로 보낸 비밀 통신문은 무명베나 비단 위에 깨알 같은 글씨로 쓰였다. 따라서 이 문서의 지은이는 조봉암으로 확정해도 좋다고 생각된다. 국제공청 가입을 요청하기 위해 작성된 것임이 틀림없다.

그 외에도 조봉암이 썼을 것으로 추정되는 문서는 더 있다. 〈국공청 질문에 대한 고공청 답안 초抄〉라는 13쪽짜리 국한문 펜글씨 문서, 〈일반운동 상황 보고〉라는 13쪽 문서 등이 그것이다. 이 두 문서들은 완성된 형태의 원고가 아니다. 마구 휘갈긴 글씨로 급하게 쓰여 있으며, 가감첨삭이 이뤄져 있다. 빈칸에는 낙서가 적혀 있다. Пролетарии всех стран, Соединяйтесь!(만국의 노동자여, 단결하라!)'는 문구도 눈에 띈다. 러시아어 글씨쓰기를 연습한 듯하다. 이 문서들도 완성된 뒤에는 깨끗이 정서되어 국제공청에 제출했을 것으로 판단된다.

국제공청 외교가 결실을 본 것은 국제당의 경우와 마찬가지로

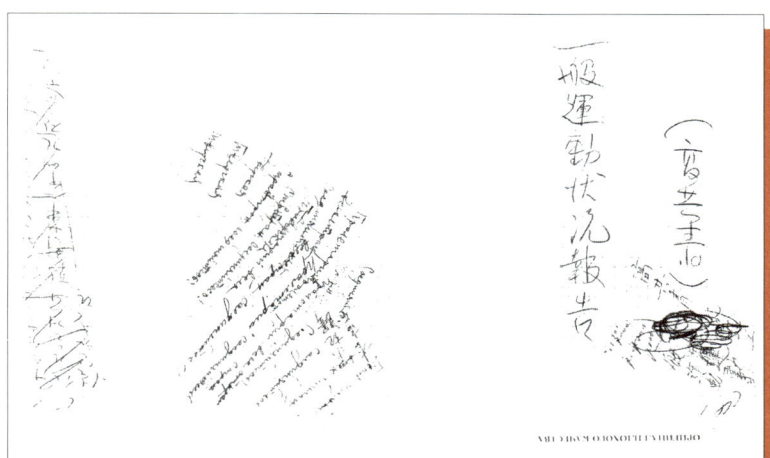

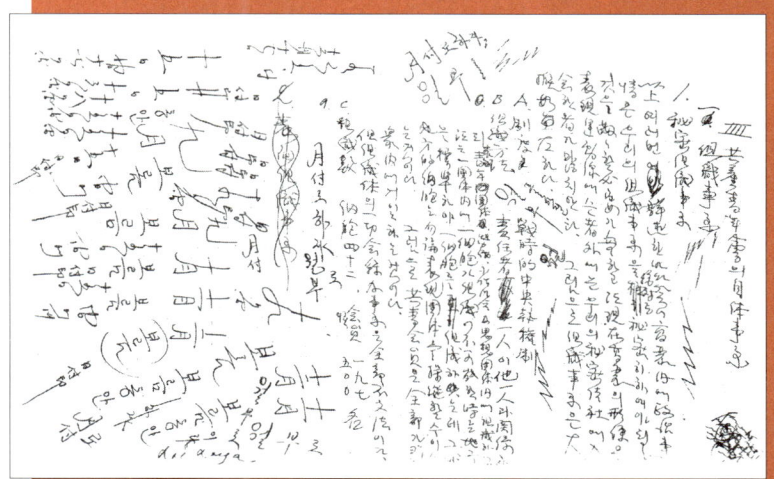

조봉암의 보고서 초고 (위는 〈일반운동상황〉 표지, 아래는 〈공산청년회의 자체사업〉 부분)
조봉암은 모스크바에 도착한 1925년 6월 21일부터 국제당 비서부에서 조선위원회를 구성하기로 결정한 1925년 9월 3일까지 약 두 달 보름간 국제당에 제출할 문서 작성에 몰두했다. 정식 보고서는 아직 발견되지 않았지만 보고서 집필을 위해 작성한 메모 조각들은 구코민테른 문서보관소에 남아 있다.

1925년 9월 즈음이었을 것이다. 9월 10일에 개최된 국제공청 동방위원회 회의록이 남아 있다. 그에 따르면 국제공청 동방위원회는 조선 문제에 관한 안건을 통과시켰다. "포킨 동무가 제출한 결정서 초안을 승인"하기로 결정했던 것이다.[78] 그러나 유감스럽게도 이 결정서가 어떤 내용으로 이뤄져 있는지에 대해서는 아직 확인하지 못했다. 아마도 지부 승인에 관한 것이라 생각된다. 1925년 4월 18일 창립대표회에서 결성된 고려공청을 국제공청의 지부로 승인한다는 내용이었을 것이다.

후속 조치

9월결정서가 채택된 뒤 국제당 동방부는 여러 가지 후속 조치를 시행했다. 조선 혁명의 진로를 국제당 결정서에 합치하도록 조정하기 위해서였다. 먼저 9월결정서의 내용과 의미를 해설하는 서한을 작성하여 조선공산당은 물론이고 당에 참여하지 않은 공산주의 그룹들에게 띄웠다.[79] 결정서의 효력을 현실화하려는 의도였다. '잠정 승인'에 불만을 가질 수 있는 당외 공산 그룹들의 반발도 염두에 둔 조치였다.

편지의 중요 내용은 두 가지였다. 첫째, 4월대회에서 성립된 공산당에 대해 강력한 신임을 표시했다. 편지에서는 4월대회를 '조선 공산주의운동의 새 단계의 출발점'이라고 표현했다. 국제당은 4월대회에서 조선공산당의 공식적 기초가 형성되었고, 당중앙위원회가 선출되었다고 인정했다. 그래서 국제당은 그 중앙위원회에 의거하여 조선 혁명운동에 협력하겠노라고 분명히 밝혔다.

둘째, 당외 공산주의 그룹들이 해야 할 일에 대해서 언급했다. 당외에 잔류해 있는 공산주의자들은 그 공산당에 속히 합류하라고 촉구했다. 합류 방법에 대해서도 언급했다. 단체 대 단체의 통합은 배제하겠다고 했다. 기존 공산주의 그룹을 합산한다고 해서 곧 공산당이 탄생하는 것은 아니라고 말했다. 국제당은 개인 자격의 입당 방식을 촉구했던 것이다.

요컨대 이 편지는 신생 공산당을 강력히 엄호하고 당외 공산 그룹을 압박하는 내용으로 이뤄져 있었다. 당외 공산 그룹은 어떤 경우에도 공산당 중앙에 반대해서는 안 된다고 강조했다. 당외 공산 그룹이 이 편지에 불만을 갖는다면 어떻게 해야 하는가. 국제당은 조그만 출구를 하나 남겨놓았다. "만약 뭔가 이유가 있어서 합류가 불가능하다고 간주한다면 그 사정을 국제당에 신속히 알려야 합니다"라고 말했다. 이 언급은 당외 공산주의 그룹들이 모스크바로 자신의 대표를 파견할 수 있는 근거를 제공해주었다.

이 편지가 당외 공산 그룹들에게 실제로 전달되었는지 여부에 대해서는 단정적인 답을 내릴 수 없다. 누가 어떤 경로를 통해 어떤 그룹에게 전달했는지 아무런 기록도 남아 있지 않다. 하지만 당외 여러 공산 그룹들도 9월결정서와 동방부의 서한을 접했을 것으로 짐작된다. 뒤에서 보겠지만 9월결정서에 대한 여러 공산 그룹들의 대응이 신속할 뿐만 아니라 폭발적인 양상을 띠고 있기 때문이다.

동방부가 취한 또 하나의 후속 조치는 재러시아 고려인 공산당원들에 관한 것이었다. 동방부는 국제당의 한 지부이되 국가권력을 장악한 가장 강력한 지부인 러시아공산당에게 지위에 상응하는 행동에 나서줄 것을 요청했다. 러시아공산당 중앙위원회는 그에 응했다. 조선과의 접경 지역에 위치한 산하기관인 극동국과 연해주당부에 9월결정서의 시행을 지원하라는 지시를 하달했다.

그에 따르면, 러시아령 극동의 모든 당기관은 조선 문제에 관해서는 조선공산당 대표와 연락을 취해야 했다. 또한 러시아령 극동에 소재하는 모든 조선인 공산주의 단체들을 검열해야 했다. 러시아공산당 중앙위원회는 조선인들만으로 조직된 단체가 있다면 그것을 러시아공산당의 관할 하에 행정구역별로 재조직하게 했다. 조선공산당과 경쟁할 만한 소지가 있는 조직이 러시아 영내에 존재하지 않도록 하라는 뜻이었다.

그뿐만이 아니었다. 특별히 연해주당 고려부장 인선에 대해서도 언급했다. "조선 공산주의운동의 몇 가지 특성 때문에 (러시아공산당―인용자) 극동국은 고려부 지도자들의 구성에 각별한 주의를 기울여야 한다"고 지적했다.[80] 조선공산당과의 관계에서 불협화음이 생겨나지 않도록, 조선인 이주민 사회에서 커다란 영향력을 갖고 있는 연해주당 고려부장 인선에 신경을 쓰라는 주문이었다.

이 지시는 실질적인 효력을 발휘했다. 연해주 해방 이후 줄곧 연해주당 고려부장을 맡아온 이영선의 거취에 영향을 미쳤다. 새로 성립한 조선공산당은 그가 당에 반대하는 입장을 취하고 있다고 보았다. 그래서 조선공산당은 러시아공산당 중앙위원회에게 "연해주당 고려부 부장을 해임"하고 '조선공산당 사업을 방해하지 않을 인물'을 그 자리에 임명해 달라고 요청했다.[81]

결국 고려부장 이영선은 1925년 11월 13일 연해주당 고려부장 직에서 해임되고 말았다. 대신 조선인이 드물게 거주하는 아무르주 블라고베셴스크 시로 전보 발령을 받았다.[82] 이 인사 조치는 러시아당 극동국의 소관 업무에 속했다. 당사자 이영선이 파악한 바에 의하면, 자신이 면직되게 된 배경에는 조선공산당과 국제당 동방부의 공동 음모가 있었다고 한다. 자신이 벽지로 좌천된 것은 두 통의 왕복전보 때문이었다. 조선공산당 잠정 승인의 산파 역할을 한 남만춘이 국제당 동방부에 자신의 면직을 촉구했고, 동방부장 페트로프가 러시아공산당 극동국에 자신의 면직을 요청했다는 것이다. 자신이 조선공산당에 반대하는 조선 내외의 모든 공산 그룹들을 후원함으로써 국제당 결정을 훼손하고 있다는 혐의 때문이었다.[83]

강령 문제

국제당 동방부는 부장 페트로프 명의의 또 다른 편지를 조선공산당 앞으로 띄웠다. 1925년 11월 9일자로 작성된, 조선공산당의 정치노선에 관한 조언이었다. 이 편지는 아주 자극적인 머리말로 시작되고 있다. "국제당은 조선공산당 중앙위원회에게 과거에 범했던 다음 중대한 과오를 숙고할 것을 제안합니다."[84]

'중대한 과오'라고 명시했다. 한 나라 공산당의 행위를 과오라고 지적하는 일도 흔치 않은 터에 '중대한'이라는 수식어까지 붙였다. 과연 무엇 때문에 그처럼 심각한 표현까지 불사했을까? 그것은 조선공산당의 정치적 목표에 관한 것이었다. 조선공산당 대표 조봉암과 국제당 조선담당관들 사이에 표출되었던, 강령과 슬로건에 관한 이견에 대해서였다.

동방부는 먼저 국가 건설 슬로건에 대해서 지적했다. 소비에트 정권을 표방해야 하는가 아니면 민주공화국을 표방해야 하는가

하는 문제였다. 동방부장 페트로프는 단언했다. "국제당은 명백히 답변합니다. 조선공산당은 지금 소비에트 정권 슬로건이 아니라, 민주공화국을 요구함으로써 광범한 노동자·농민 대중을 결집해야 합니다." 페트로프는 이유를 설명했다. 조선은 농민이 압도적으로 우세하고 프롤레타리아트의 정치 조직이 미약하기 때문이었다. 또한 조선에서는 민주주의 혁명의 과제가 성숙해 있기 때문이었다.[85]

페트로프는 이번 기회에 조선 혁명의 성격을 명백히 해야 한다고 보았다. 조봉암을 비롯한 조선인 공산주의자들의 이론은 프롤레타리아트 혁명론이었다. 일본을 몰아낸 뒤 조선 천지에 소비에트 공화국을 수립하자는 것이었다. 그러나 국제당 임원들이 보기에 그것은 걱정스런 현상이었다. 좌경적이고, 속도 과잉이기 때문이다. 조선은 농업 생산이 압도적이고 근대적 공업화가 미미하여, 민주주의 혁명이 현 단계의 과제가 되어야 하는 사회다. 그뿐인가. 조선은 일본의 식민지이기 때문에 민족해방 혁명이 최우선 과제가 되어야 할 사회다. 이러한 조건에서 소비에트 공화국 수립론은 성공할 수 없으며, 민주공화국 수립론이 조선공산당의 바른 정책이다. 이것이 페트로프를 비롯한 국제당 조선담당관들의 견해였다.

페트로프 부장이 지적한 또 하나의 문제는 민족통일전선 정책에 관한 것이었다. 대중사업의 목표는 프롤레타리아트 혁명이 아니라 민족 혁명이어야 한다. 그러므로 대중적인 민족통일전선 기관을 설립할 필요가 있으며, 이를 위해 중국의 국민당을 눈여겨 볼 것을 권고했다. 국제당이 구체적인 형태를 제시하는 것은 어렵지만, 조선인 동무들이 스스로 이 문제에 대한 진전된 방안을 고안해 주기를 바란다고 썼다.[86]

요컨대 조선공산당의 현 시기 민족통일전선 정책은 비대중적이기 때문에 민족독립을 표방하는 대중적인 기관을 설립하는 방향으로 수정하라는 조언이었다. 굳이 당적 형태가 아니라도 괜찮다. 중요한 것은 대중적인 통일전선기관의 설립이었다. 9월결정서에서 '민족혁명당' 형태의 통일전선 기관이 바람직하다고 것과 비교해 보면, 페트로프의 서한이 훨씬 더 유연함을 알 수 있다.

페트로프의 편지는 조선 혁명의 전략과 전술에 관한 국제당 동방부의 공식 견해를 담고 있었다. 이 견해는 '보이틴스키 그룹'을 포함한 국제당 동방부 구성원들의 공통된 입장을 대표하는 것이었다. 조선 혁명의 강령 문제에 관한 한 동방부 내부의 의견 불일치는 존재하지 않았다.

동방부의 편지는 조선공산당의 운동 방향에 커다란 영향을 끼쳤다. 조선공산당 중앙 지도자들은 종래의 정책 노선을 폐기하고 새로운 정책을 실행에 옮겼다. 대표적인 예로 종래 강력히 추진해 오던 반종교운동이 철회된 사실을 들 수 있다.

1925년은 조선공산당이 이끄는 반종교·반기독교운동이 맹위를 떨친 해였다. 한 저널리스트의 표현에 따르면, "반기독교운동의 신기원新紀元을 지은 해"였다.[87] 예컨대 그해 4월 서울에서 공개적으로 열릴 예정이던 민중운동자대회 의안 중에는 '종교 문제에 관한 건'이 포함되어 있었다. 비록 경찰의 탄압으로 열리지는 못했지만, 그 대회에서는 열렬한 반기독교 방침이 채택될 예정이었다. 대회 참가자들은 "기독교의 정체를 철저히 폭로"함으로써 그에 미혹된 대중이 그들의 '마수'에서 탈출하도록 하며, 기독교계 사립학교에서 이뤄지는 "종교 교육을 철저히 반대"할 예정이었다.[88] 이러한 반종교운동은 그해 하반기에도 지속되었다. 9월에 기독교도들의 전조선주일학교대회가 소집되자 조선공산당 계열의 청년 단체들이 '반기독교 대강연회'를 개최한 것이다. 기독교 대중집회에 맞불을 놓는 이 같은 방식의 반종교운동 사례는 얼마든지 있었다. 그해 크리스마스를 맞이하여 12월 25일을 '반기독교 데이'로 선포하고 강연회와 가장행렬, 연설회 등을 개최한다는 계획도 입안되었다.[89]

그런데 놀랍게도 해가 바뀌면서 양상이 달라졌다. 1926년 이후 반종교 캠페인이 봄철에 눈 녹듯 사라진 것이다. 신문과 잡지 지면에서 종교의 폐해를 지적하는 기사는 찾아보기 어렵게 되었다. 반종교 집회도 거의 개최되지 않았다. 이러한 변화의 핵심에 동방부의 편지가 놓여 있었다고 판단된다. 동방부장 페트로프의 편지가 반종교운동의 종식에 결정적인 역할을 했던 것이다. 동방부의 조언은 조선 현실에 부합한 것이었다. 뒤돌아보면 3·1운동을 이끈 세력은 기독교와 천도교였다. 그 후에도 종교 단체는 민족주의 운동의 근거지가 되었다. 이런 현실에서 민족통일전선운동과 반종교운동은 서로 용납될 수 없는 모순된 것이었다. 반종교운동을 중단하지 않고서는 대중적인 민족통일전선 기관을 만들 수 없었다. 결국 국제당 동방부의 편지는 민족통일전선운동의 대중화를 가로막던 장벽을 최종적으로 제거하는 역할을 했던 것이다.

귀환길

대체 웬 셈인지 모르겠소. 간다 하기는 벌써 7일부터인데 오늘도 내일도 못가고 21일에나 떠난다 하니 또 모르겠소. 참 속상해 죽겠소. 이곳에 머문 지 벌써 20일 동안이오.[90]

조봉암은 블라디보스토크에서 모스크바의 조훈에게 편지를 썼다. 귀환하는 길이었다. 모스크바 외교를 마치고 상해로 되돌아가는 도중이었다. 동행이 있었다. 남만춘이 그와 함께 모스크바에서 귀환 열차를 탔다. 두 사람이 시베리아 횡단열차 여정을 마치고 블라디보스토크에 도착한 것은 9월 30일 혹은 10월 1일이었다.

조봉암은 조급증이 났다. 조선공산당의 해외 기지라 할 수 있는 상해로 속히 떠나고 싶은데, 웬일인지 배편이 말썽이었다. 10월 7일자 기선으로 블라디보스토크 항을 떠날 예정이었으나 뜻대로 되지 않았다. 출항이 하루 이틀 미뤄지더니 빨라야 10월 21일에나

조봉암이 조훈에게 보낸 편지 첫 페이지

모스크바 외교를 마치고 상해로 되돌아가던 1925년 10월 19일 조봉암은 모스크바의 조훈에게 편지를 썼다. 조선공산당의 국제당 가입 잠정 승인, 고려공산청년회 중앙집행위원회 승인이라는 외교적 성과를 공산당 동료들과 나누고 싶은데 기상 문제로 블라디보스토크에 발이 묶여 움직이지 못함을 안타까워하는 심정이 담겨 있었다. 23일자, 25일자 추신에는 서울에 두고 온 여자 친구를 보고 싶다는 사사로운 얘기도 들어 있었다.

상해행 기선이 떠날 거라고 한다. 그나마 지켜질지 확신하기 어려웠다. 조봉암은 참 속상해 죽겠다고 말했다. 얼른 상해로 나가 그곳에서 그를 기다리고 있는 조동호를 비롯한 공산당 동료들 그리고 국제당 원동부 임직원들과 해후하고 싶은데 그게 여의치 않았기 때문이다. 혁명의 수레바퀴를 힘차게 앞으로 굴려야 할 때인데 시간이 헛되이 흘러가고 있었다. 블라디보스토크에 머문 지 벌써 20일이 지나고 있었다.

조봉암의 마음은 기쁨으로 가득 차 있었다. 득의의 시간이었다. 그는 자신에게 주어진 소임을 죄다 성공으로 이끌었다. 무엇보다 중요한 것은 조선공산당의 국제당 가입 외교를 사실상 성사시킨 점이었다. 조선공산당 전권대표 보좌역인 자신이 그 주역을 맡았고, 여러 가지 난관이 있었음에도 불구하고 '잠정 승인'이라는 성과를 거뒀다. 그뿐만이 아니었다. 그는 고려공청 전권대표 소임도 무사히 끝마쳤다. 1925년 4월 18일 창립대표회를 통해 결성된 고려공산청년회 중앙집행위원회를 국제공청으로 하여금 승인케 하는 데 성공했던 것이다.

한 관찰자에 의하면 조봉암과 남만춘은 블라디보스토크에 체류하는 동안 가까운 지인들에게 앞으로 해야 할 일에 대해 말했다고 한다. 먼저 공산주의운동 대열의 규율 강화. 그의 표현에 따른다면, "승인된 당에 불복하는 자는 출당黜黨시키고 반혁명분자로 인정"해야 한다.[91] 조선공산당의 권위를 받아들이지 않는 공산주의자는 정치적 범죄자로 간주하겠다는 결심이자 과감하게 운동

대열에서 배제시키겠다는 의지의 표현이었다.

다음으로 모스크바 유학생을 선발하여 파견하는 것이었다. 조선공산당은 비록 잠정적이긴 했지만 국제당으로부터 승인을 받은 지라, 국제당 산하 고등교육기관에 유학생을 추천할 권리를 지니게 되었다. 당과 공청의 촉망되는 청년들을 선발하여 모스크바의 동방노력자공산대학과 레닌그라드사관학교에 파견할 수 있게 된 것이다.

군사 문제도 실행에 옮겨야 했다. "만주의 조선 의병대를 수습하여 장쭤린의 배후를 공격한다"는 국제주의적 정책을 국제당으로부터 권고받은 터였다.[92] 이를 위해서는 만주의 조선인 공산주의자들을 조선공산당 예하 조직으로 편제하고, 나아가 독립군을 획득할 수 있는 정치적 노력을 기울여야 했다.

소임을 성공리에 끝마친 조봉암은 상해 귀환을 서둘렀다. 교통편 때문에 일시적으로 블라디보스토크에 발이 묶여 있지만, 마음은 날아갈 것이 기쁘고 가벼웠다.

> 삐와пиво(맥주-인용자) 한잔씩 나누고 보니 매우 쾌快하올시다. 오는 학생은 내가 못 볼 듯한데, 우리 색시도 못 보면 너무 섭섭할 것 같아요. 나는 못 보더라도 몸 편하고 공부 잘해야 되겠는데…….[93]

조봉암은 10월 19일에 써 놓았지만 아직 부치지 않은, 조훈에게 보내는 편지 맨 끝에 이렇게 덧붙였다. 이 편지에는 23일자, 25일자 두 개의 추신이 붙어 있는데, 위 구절은 23일자 추신 가운데 일부다. 사사로운 얘기가 적혀 있다. 한가한 틈을 타서 맥주를 마셨더니 기분이 매우 좋다는 얘기, 서울에 두고 온 여자 친구가 보고 싶다는 얘기였다. 조봉암은 조훈과는 사적인 얘기를 허물없이 나눌 수 있는 막역한 우정을 쌓았던 것이다. 또한 편지를 통해 조봉암이 블라디보스토크에서 상해행 배편을 기다리며 여유롭게 지내고 있음을 엿볼 수 있다.

'오는 학생'이란 모스크바로 파견되는 동방노력자공산대학 유학생들을 가리켰다. 21명의 청년들이 이미 선발되었으며, 그중에는 조봉암의 동생 조용암曹龍岩과 연인 김조이金祚伊도 포함되어 있었다. 조선 내지에서 출발하는 유학생들은 필시 상해를 거쳐 블라디보스토크로 올 터인데, 그들을 만나볼 수 있을지 모르겠다는 말이었다. 조봉암은 다른 학생들은 몰라도 '우리 색시' 김조이는 꼭 보고 싶었다. 못 만난다면 너무 섭섭할 것 같다고 덧붙인다.

김조이는 조봉암보다 6살 연하의 여성 혁명가였다. 경상남도 창원군 웅천면의 300석지기 지주 가문에서 태어난 덕에 서울로 유학하여 신교육을 받을 수 있었다. 그녀는 동년배의 재능 있는 학생들이 그러하듯이 사회주의 이념을 수용했다. 1925년 1월에 경성여자청년동맹 설립에 참여한 데서 알 수 있듯 사회주의 여성운동에 열심이었다. 그해 4월에는 조선총독부의 집회 불허 방침에 항의하는 대중시위운동인 '적기 사건'에 연루되어 한때 종로경찰서에 구금되기도 했다. 김조이는 그처럼 열렬한 젊은 사회주의 여

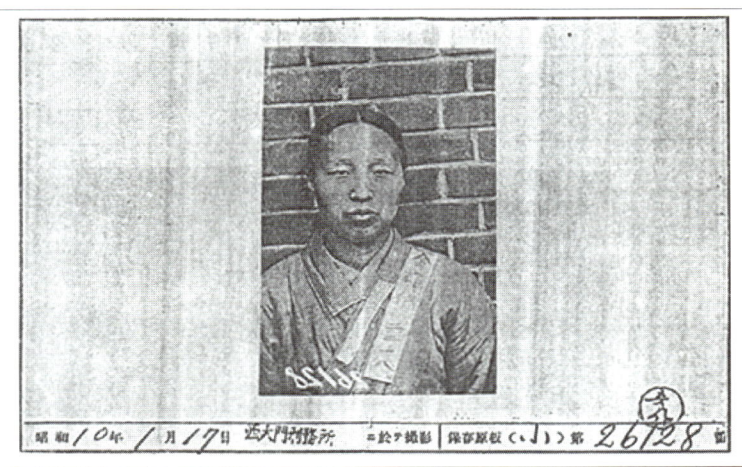

조봉암과 김조이

김조이는 조봉암보다 여섯 살 어린 여성 혁명가로서 '적기 사건'에 연루되어 구금되기도 했던 열렬한 사회주의 여성이었다. 위는 1934년 '함남 공천 사건' 시 '치안유지법 위반'으로 수감되었을 당시 김조이의 모습. 아래는 1939년 조봉암이 7년의 수감 생활 끝에 석방된 후 경남 창원의 처가를 김조이와 함께 방문했을 당시의 모습(좌) 그리고 조봉암과 김조이의 결혼을 알리는 1924년 7월 1일자 《동아일보》 기사(우).

성이었다.

조봉암은 그녀를 가리켜 성을 떼고 '조이'라고 이름만 부르기를 좋아했다. 친근감 있는 호칭이었다. 혹은 유머러스하게 '마누라'라고도 불렀다. 두 사람은 이미 결혼식을 올린 사이였다. 1924년 6월에 김조이의 친정인 경남 창원군 웅천면 성내리에서 화촉을 밝혔었다. 둘 다 열렬한 사회운동가로 이름이 높았으므로 그들의 결혼식은 신문지상에도 보도되었다. 당시 조봉암은 조선청년총동맹의 상무집행위원이었고, 김조이는 여자고학생상조회의 열렬한 활동가였다.

조봉암은 조훈에게 말하기를, "믿는 바로는 조이祚伊가 일꾼이 될 것이오. 배우면 좋은 지주支柱가 될 것"이라고 했다. 모스크바 유학을 마친 뒤에는 유능한 공산당 일꾼이자 조선 혁명을 떠받치는 기둥이 될 것이라 믿는다는 뜻이었다. 김조이가 모스크바에 도착하면 잘 돌봐달라는 청탁을 하는 참이었다. 그는 김조이가 현재 어디에 있는지 궁금했다. 서울은 이미 떠났을 것이다. "상해에 배 두 척이 잡혀 있는 모양인데, 아마 배안에 앉아 있는지도 모르겠소." 이렇게 추정했다. 그녀는 아무래도 상해에서 블라디보스토크로 떠나는 배편을 기다리고 있는 것 같았다. 조봉암이 서둘러 상해로 가고 싶어 하는 이유 가운데 하나는 연인과의 재회를 바라는 간절함도 있었음에 틀림없다. 조봉암은 이렇게 썼다. "정말이지, 마누라가 그립소이다."[94]

3장
경쟁자들

一九三五年十一月音
「朝鮮勞働運」裏面ニ虎穴密共產
スパルタカス團ニ代表
李東洙
闘作「朝鮮

'당준비회'의 분노

조봉암과 남만춘이 국제당의 9월결정서를 지닌 채 블라디보스토크에 도착하자 연해주 조선인 사회에는 커다란 파문이 일었다. 한 관찰자의 표현에 따르면 "그들의 도착과 함께 연해주의 정치적 상황이 다시 바뀌기 시작했다"고 한다.[95] 당혹감과 분노가 연해주에 웅거하고 있는 조선인 사회주의자들의 내면을 휩쓸었던 것이다.

특히 9월결정서로 인해 해산의 비운을 맞게 된 고려공산당창립대회준비위원회(당준비회) 주도 그룹이 격렬한 분노를 표출했다. 그럴 만도 했다. 이미 말했듯이 당준비회는 국제당의 1924년 2월 결정서에 입각해서 설립된, 국제당 집행위원회의 직속 기관이었기 때문이다. 당준비회의 임무는 조선 내지와 해외 망명지를 망라하여 통일된 공산당을 조직하는 데 있었다. 통일공산당이 창립되기 전까지는 조선 공산주의운동의 임시 최고 기관이었다.

그러나 당준비회는 소임을 충분히 실행에 옮기지 못했다. 몇 가지 이상 기류가 흘렀기 때문이다. 무엇보다 국제당 집행위원회의 조선담당부서인 동방부와 당준비회 사이의 유대관계가 느슨했다. 동방부와 당준비회는 조직체계상으로 보면 상하관계였다. 후자는 전자에 배속된 기관이었다. 그럼에도 불구하고 동방부는 당준비회에 지도와 편의를 제공하는 데 인색했다. 출범한 지 10개월이 지난 1925년 2월 초 당준비회가 국제당 동방부 앞으로 보낸 편지에 그러한 사정이 잘 드러나 있다. "당준비회와 국제당 집행위원회의 연계가 지나치게 오래도록 단절되어서 당준비회는 엄청나게 곤란한 상황에 처해 있습니다."[96] 무엇보다 큰 곤란은 활동 자금이 오지 않은 점이었다. 사업을 추진하기 어려울 만큼 재정이 궁핍했다. 가장 중요한 업무라 할 수 있는 조선 내지 파견비조차 마련할 수 없었다. 부득이 당준비회 위원들이 개인적인 영향력을 발휘해서 스스로 조달해야 했다.

그때가 처음이 아니었다. 설립 초창기부터 그러했다. 당시 사정을 잘 아는 한 관찰자에 따르면, "당준비회가 조직되고 이델손 동무가 모스크바로 떠난 뒤, 당준비회는 국제당으로부터 지도나 도덕적·물질적 도움을 받지 못했다"고 한다.[97] 이델손Идельсон은 1924년 2월결정서의 실행 책임을 맡았던 국제당 전권위원이었다. 그는 국제당을 대표하여 1924년 4~5월에 블라디보스토크에서 직접 당준비회 결성을 주관했다. 하지만 그의 역할은 거기까지였다. 이델손이 6월에 모스크바로 되돌아간 뒤, 국제당 본부와 당준비회 사이의 교신은 점차 뜸해졌다. 그러더니 급기야 상호연락이 사실상 두절되기에 이르렀던 것이다.

이상 기류는 또 있었다. 당준비회 내부에도 기이한 현상이 잠재해 있었다. 당준비회를 구성하는 세력은 재연해주 조선인 공산주의자들 중에서 '국민의회 그룹'을 제외한 연합 진영이었다. 재러시아 조선인들의 자치 단체인 '대한국민의회' 주도 세력이던 국민회의 그룹은 1920년 10월 이후 공산주의를 받아들여 이르쿠츠크파 고려공산당의 유력한 구성요소가 되었으며, 1923년 10월 이르쿠츠크파 분열 시에 그로부터 떨어져 나와 독자적으로 존재하던 공산 그룹이다. 당준비회는 이 그룹을 배제한 상태로 구성된 상해파와 원조 이르쿠츠크파 두 그룹의 연합 진영이었다. 당준비회 6인 위원의 면면을 보자. 3인(남만춘, 이형근, 김철훈)은 이르쿠츠크파, 2인(박응칠, 장도정)은 상해파에 속하는 사람이었다. 나머지 1인(정재달)은 조선 내지 대표로 간주되고 있었다.

당준비회는 내부 구성원들이 과거 분파투쟁의 어두운 그림자를 말끔히 씻어내고 강고히 단결되어 있음을 자랑했다. 이는 상해파 지도자 가운데 한 사람인 박애朴愛가 국제당 본부에 보낸 편지에

박애(?~1927)
이동휘는 국제당의 9월결정에 대한 조선 내의 반발을 해결하기 위해서는 공리공론을 일삼는 분파 지도자가 아니라 혁명운동의 현장을 대변하는 대표자들이 참석하는 회의가 필요하다고 강조했다. 그러면서 추천한 이가 바로 자기 자신과 박애였다. 박애는 조선 공산주의운동 초기부터 지도적 역할을 수행했던 공산주의 운동가였다.

잘 나타나 있다. "연해주 조선인 공산주의자들은 과거 분파 소속에 상관없이 단결하기 시작했습니다 …… 연해주에서 처음으로 진정한 통합 사업이 시작되었습니다."[98] 위원들의 결심도 단단했다. 위원들은 당준비회의 사업 범위와 권한을 명시한 〈잠행규정潛行規定〉을 제정했는데, 거기에서 분파의 논의 체계에 구애받지 않겠다는 결심을 개진했다. "위원들은 모든 분파 회의에는 무조건 참석을 거절해야 한다. 모든 문제는 오직 당준비회 회의에서만 결정한다"고 결의했다.[99]

그러나 이 약속을 어긴 사람이 나왔다. 책임비서 남만춘이었다. 1924년 8월 즈음부터 그는 다른 위원들과 아무런 협의 없이 독자 행동에 나섰다. 보이틴스키를 비롯한 국제당 동방부 임원들과 내밀한 연계를 맺었던 것이다. 보이틴스키는 해외 공산 그룹을 배제한 채 내지에 기반을 둔 공산 그룹을 중심으로 조선공산당을 창설한다는 복안을 갖고 있었다. 이 복안에 따르면 당준비회도 해외 공산 그룹의 연합체이므로 물론 배제 대상이었다. 당준비회 책임비서인 남만춘은 이 제안을 받아들였다. 국제공청 주재 조선 대표 조훈도 이 내밀한 연계망에 가담했다. 이 연계망은 넓은 지역에 걸쳐 있었다. 보이틴스키는 상해에, 남만춘은 블라디보스토크에, 조훈은 모스크바에 각각 체류 중이었다. 그럼에도 불구하고 이 연계망이 효과적으로 작동될 수 있었던 것은 국제당 동방부에 자리잡고 있는 조선담당관들의 한결같은 뒷받침 때문이었다.

당준비회 사람들은 남만춘이 몰래 독자노선을 걸었다는 사실을 나중에야 알았다. 책임비서 남만춘이 자신들을 기만했으며, 국제당의 보이틴스키 그룹이 동방부를 틀어쥐고 앉아서 당준비회를 무력화시켰음을 알게 된 것이다. 그들은 분노했다. 이 상황을 용납할 수 없었다. 국제당의 조선공산당 잠정 승인 결정은 배신과 음모의 결과물이었다. 가능한 한 모든 힘을 기울여 그 결정을 철회시켜야 했다.

당준비회에 일체감과 애정을 갖고 있던 노혁명가 이동휘가 나섰다. 국제당 간부회 앞으로 상황의 엄중함을 알리는 급보를 띄웠다.

남만춘과 조봉암이 도착하자 조선 내외지의 투쟁이 불타오르고 있다. 조선·중국·일본에서 여러 단체의 대표자들이 화요파의 분열주의 행동에 항의차 모여들고 있다. 속히 조치를 취할 필요가 있다.[100]

이동휘는 자신이 느끼는 분노가 자기 개인이나 자기가 속한 그룹에만 한정된 것이 아님을 말하고 싶었다. 조선 내지와 해외에서

이동휘(1873~1935)
국제당의 조선공산당 잠정 승인 결정을 담은 9월결정서로 인해 해산의 비운을 맞게 된 고려공산당창립대회준비위원회(당준비회) 주도 그룹은 격렬한 분노를 표출했다. 이를 해결하기 위해 당준비회에 애정을 갖고 있던 노혁명가 이동휘는 국제당 간부회 앞으로 조선의 공산주의운동가들 다수가 9월결정에 반대하고 있음을 알리는 급보를 띄웠다.

다수의 공산 그룹들이 화요파 공산 그룹을 조선공산당으로 인정하지 않고 있음을 강조했다. 비단 당준비회만이 아니라 조선 공산주의운동 대열의 압도적인 다수가 9월결정을 반대하고 있음을 부각시켰다.

여기에서 이동휘를 비롯한 당준비회측 인사들의 국제당 교섭 창구에 주목할 필요가 있다. 국제당 동방부는 보이틴스키 그룹에 의해 사실상 장악된 상태였기 때문이다. 이동휘는 국제당 본부에서 보이틴스키 그룹에 속하지 않는 요인들이 누군지 잘 알고 있었다. 바로 쿠시넨Куусинен, 가타야마 센 등이었다. 특히 쿠시넨은 조선 문제에 관한 한 어느 누구보다도 전문적인 식견과 경험을 갖고 있었다. 그는 1921년 11월 이래 1925년 9월에 이르기까지 다섯 차례에 걸쳐 채택된 국제당의 조선 문제 결정 과정에서 단 한 차례만 빼고는 줄곧 참여했다. 쿠시넨에게 보낸 이동휘의 서한에는 보이틴스키의 전횡을 비난하는 날선 언어를 쉬이 발견할 수 있다. 그 서한에 따르면 조선 공산주의운동의 분쟁 격화에 가장 책임이 많은 인물은 바로 보이틴스키였다. 그의 분파성 탓에 공산주의 통합운동은 아무런 결실도 맺지 못했다는 것이다. 이동휘는 단호히 요청했다. "보이틴스키 동무를 조선 사업의 지도적 직위에서 완전히 해직"해 달라고 말이다.[101] 그와 당준비회 인사들이 품었던 분노의 열기를 짐작할 만하다.

이동휘는 한걸음 더 나아가 해결책을 제시했다.

좀 더 전면적으로 조선 문제를 해명하려면, 심의 과정에 가능한 한 많은 현장 대표자들이 참여할 필요가 있다. 나와 박애, 간도 단체 대표자 최계립崔溪立, 구舊당준비회 대표자 이형근李衡根을 호출해 줄 것을 요청한다.[102]

문제를 풀려면 운동 일선의 현장 대표자들의 목소리에 귀 기울여야 한다고 제안했다. 공리공론을 일삼는 분파 지도자가 아니라 혁명운동의 현장을 대변하는 사람들이 참석하는 회의가 필요하다고 주장했다. 그러면서 초창기 이래 조선 공산주의운동의 지도적 역할을 감당해 온 자기 자신과 박애를 추천했다. 또한 북간도 조선인 사회의 공산주의운동을 대변하는 '중령 고려공산단체'의 대표자 최계립, 연해주에 기반을 둔 양대 공산 그룹의 연합진영인 당준비회 대표자 이형근을 초청해 달라고 요청했다.

국민의회 그룹과 스파르타쿠스당

연해주 조선인 사회에서 가장 폭넓은 인맥과 영향력을 갖고 있던 '국민의회 그룹' 인사들도 9월결정에 반대하고 나섰다. 국민의회 그룹은 연해주 지방정부와 연해주당 내에서 조선 문제에 관한 한 사실상 집권당이었다. 동원할 수 있는 인적 자원도 풍부하고 네트워크도 가장 다양했다. 연해주 조선인 이주민 사회에서 성장하여 중등 이상의 교육을 받고 러시아말도 잘하는 사람들은 거의 대부분 이 그룹에 친화감을 갖고 있었다.

   국민의회 그룹은 자신의 사업 범위를 연해주 조선인 사회에 한정하지 않았다. 조선 내지의 혁명운동 향방에도 영향력을 미치고 싶어 했다. 아니, 주도권을 쥐기를 원했다. 그러나 1923년 10월에 이르쿠츠크파에서 분리되어 나온 이후 국민의회 그룹은 조선 문제에 관한 주도권을 상실했다. 당준비회 구성에서도 배제되었으며, 국제당 보이틴스키 그룹과 맺었던 강력한 유대도 단절되었다.

조선 내지의 혁명운동에 관한 한 국민의회 그룹은 철저히 배제되었다.

이러한 배제는 당준비회에 의해 제도화되었다. 당준비회는 〈잠행규정〉을 통해 연해주에 거주하는 조선인 출신 러시아공산당원이 조선 내지와 북간도로 연락을 주고받는 일을 금지시켰다. "러시아 바깥으로 조선과 간도에 연락원을 파견할 권리는 전적으로 당준비회에 속한다"고 명시한 것이다. 조선 혁명을 책임지고 있는 당준비회로서는 당연한 일이었다. 문제는 당준비회에 속하지 않는 조선인 러시아공산당원들, 즉 국민의회 그룹이었다. 〈잠행규정〉에는 이에 관해서도 단호히 규정했다. "당준비회 이외에는 어떤 단체나 개인도 당준비회의 승인 없이 연락원을 파견할 권리가 없다"는 것이었다. 당준비회 승인 없이 연락원을 파견하는 자는 엄중한 처벌을 받을 수 있게 된 것이다. 당규율 위반과 종파주의 획책 혐의자로 간주되기 때문이었다.[103]

그래도 국민의회 그룹은 단념하지 않았다. 이들은 조선 내지에 독자적인 세력 기반을 구축하는 길로 나아갔다. 자파 소속 인사를 조선으로 속속 파견했다. 세계 혁명에 대한 헌신이라는 열망 때문이었다. 혁명이 성공한 러시아에 거주하는 공산주의자는 아직 혁명이 성공되지 않은 나라의 혁명운동을 지원할 도덕적 의무가 있다는 생각이었다. 그러나 당준비회의 시선으로 볼 때 그것은 범죄 행위였다. 조선 혁명 기관의 동의도 없이 인접 강대국 공산당원들이 제멋대로 조선 혁명을 교란하는 행위였다.

파견된 사람들은 머지않아 소임을 완수했다. 스파르타쿠스당이라는 독자적인 비밀결사를 결성한 것이다. 그들의 말을 들어보자.

노령에서 실제적으로 공산당 생활을 해보고 조선에 들어온 당원들과 조선 내지에서 운동을 일으킨 공산주의자들과 일본에서 건너온 공산주의자들이 서로 규합하여, 처음에는 20명으로써 공산 단체 '조선스파르타쿠스당'을 1923년 12월 5일에 경성에서 조직했다.[104]

최초 구성원은 20명이었다. 국민의회 그룹의 파견자 외에 조선 내지에서 새로이 연계를 맺은 신진 사회주의자와 일본에서 귀국한 유학생 출신의 사회주의자들이 이 비밀결사에 합류했다. 이 가운데 '노령에서 실제로 공산당 생활을 해본 당원들', 러시아공산당원들이 주요 인사였다. 이런 점에서 스파르타쿠스당은 연해주 국민의회파 공산 그룹의 내지 출장기관이라고 표현해도 과언이 아니었다.

스파르타쿠스당은 다른 조선 공산 그룹들의 행동 양상과 동일하게 공개적이고 합법적인 사회주의 사상 단체를 조직했다. '조선노동당'이 그것이다. 명칭은 비록 당이었지만, 실제로는 정당이라기보다는 합법적인 사상 단체였다. 스파르타쿠스당의 내부 문건에 따르면, 조선노동당의 일거수일투족은 자신의 통제 하에 놓여 있었다. 당시 유행하던 용어로는 '표면 단체'였다. 조선노동당의 집행위원 11인 중 압도적 다수인 8인이 스파르타쿠스당의 당원이

었기 때문에 가능한 일이었다. 다른 3인의 위원은 비당원이었다.[105]

스파르타쿠스당은 1925년 4월대회에서 결성된 공산당을 조선공산당으로 인정하지 않았다. 당대회를 어떻게 규정했는지 살펴보자.

> 1925년 4월 18일 화요회, 북풍회는 각자의 이면 공산 단체를 연합하여 연합위원회를 조직했다. 그 연합회의에 화요회 대표 20명, 북풍회 대표 2명이 참가하고, 또 노동당원 2인이 개인적으로 참가했다.[106]

날짜에 하루 착오가 있음을 감안한다면, 이 구절은 4월 17일 조선공산당 창립대회 상황에 관해 얘기하고 있음에 틀림없다. 대회는 창당대회가 아니라 두 공산 그룹의 '연합회의'였고, 거기서 설립된 기관은 조선공산당 중앙집행위원회가 아니라 두 그룹의 연합위원회였다고 한다. 따라서 그 단체를 조선공산당으로 인정할 수 없으며 국제당의 가맹 단체로 승인해서는 안 된다는 것이 이들의 주장이었다.

위 언급에는 눈길을 끄는 정보가 담겨 있다. 조선노동당 구성원 두 사람이 연합회의에 참석했다는 사실이다. 하지만 그것은 어디까지나 개인 자격일 뿐이지 스파르타쿠스당의 조직적 의사와는 배치되는 것이었다고 한다. 4월대회 합류 여부를 둘러싸고 조선노동당 내부에 두개의 의견이 형성되었음을 엿볼 수 있다. 실제로 그러했다. 조선노동당은 내분을 겪었다. 1925년 9월 21일 서울 시내에 있는 조선노동당 사무소에서 노동당 구성원들 사이에 물리적인 충돌이 일어났다.[107] 스파르타쿠스당이 4월 당대회에 참여한 조선노동당원들을 조선노동당에서 제명시켰기 때문에 야기된 사건이었다. 4월 대회를 조선공산당대회로 인정하는지 여부를 둘러싼 분쟁이었다.

스파르타쿠스당은 국제당에 대표를 파견하기로 결정했다. 4월당의 잠정 승인이 얼마나 부적절한 조치인지를 설명하고 통일공산당 설립에 관한 자기 그룹의 입장을 대변하기 위해서였다. 대표자로는 이남두李南斗가 선정되었다. 이남두는 연해주 이주민 출신으로서 국민의회 그룹의 국내 파견자 가운데 한 사람이었다. 1924년에 서울에서 조선노동당 결성에 참여하여 중앙간부가 되었다. 러시아어 강습소를 운영할 수 있을 만큼 러시아어가 능통해서 모스크바 파견 대표로는 적임자였다.

국민의회 그룹은 조선공산당 반대운동의 짐을 스파르타쿠스당에게만 맡겨놓지 않았다. 연해주에 본거를 둔 국민의회 공산 그룹의 상층 지도부가 직접 나섰다. 이들은 풍부한 자금 동원력을 지니고 있었다. 국민의회파 구성원들이 연해주 지방정부와 지방당의 요직에 두루 포진되어 있는 덕분이었다. 국민의회 그룹은 조선 내지의 여러 반대파 세력에게 자금을 분배했다. 스파르타쿠스당에게는 3천 원의 자금이 지원되었고, 뒤에 살펴볼 까엔당에게는 5천 원이 전달되었다고 한다.[108] 신문사 기자의 월급이 40~50원 하

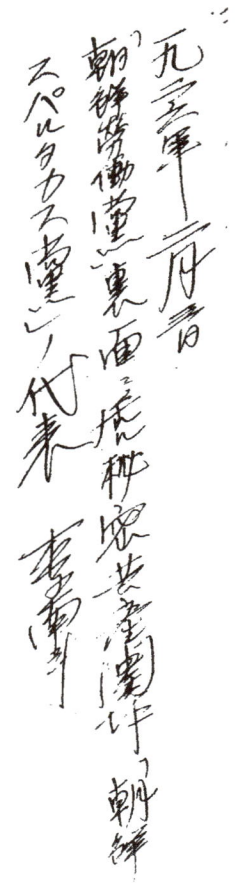

조선스파르타쿠스당 대표 이남두의 서명
스파르타쿠스당은 국제당의 조선공산당 잠정 승인이 얼마나 부적절한 조치이며, 통일 공산당 설립에 관한 자신들의 입장이 무엇인지를 설명하기 위해 국제당에 이남두 대표를 파견하기로 결정했다.

던 때였으니까 위 자금은 각각 신문기자 월급 67개월치와 111개월치에 해당하는 거금이었다.

자금 지원뿐만이 아니었다. 국민의회 그룹은 조선 내지의 비주류 공산 그룹의 대표자들을 결속하여 연합 반대파를 구성하는 일에도 착수했다. 국제당에 대한 외교 교섭력을 강화하는 데 크게 도움이 되기 때문이었다.

까엔당의 이탈

1925년 4월 18일 3파 대표로써 연합회의가 개최되었다. 까엔K. H.당 중앙집행국은 단지 2인의 대표를 그에 참가시켰다. 단 회합에서는 다만 북풍회 내부의 비밀결사 대표로 했다.[109]

날짜 표시에 하루 착오가 있다. 4월 17일의 일을 4월 18일에 있었던 일인 양 잘못 적었다. 그것만 감안해서 본다면 위 인용문에는 주목할 만한 정보가 담겨 있다. 조봉암이 조선공산당 창립대회라고 주장한 1925년 4월대회가 사실은 공산당 창립대회가 아니라 '3개 공산 그룹 대표자들의 연합회의'였다는 말이다. 놀라운 발언이었다. 조봉암이 국제당에게 허위 보고를 했다는 주장이었다.

이 글은 국제당에 파견된 까엔K. H.당 대표자 신철辛鐵과 김영우 金泳雨 두 사람이 공동으로 작성한 보고문의 한 구절이다. 까엔당이란 조선 내지에 비밀리에 존재하는 비합법 공산주의 그룹을 일

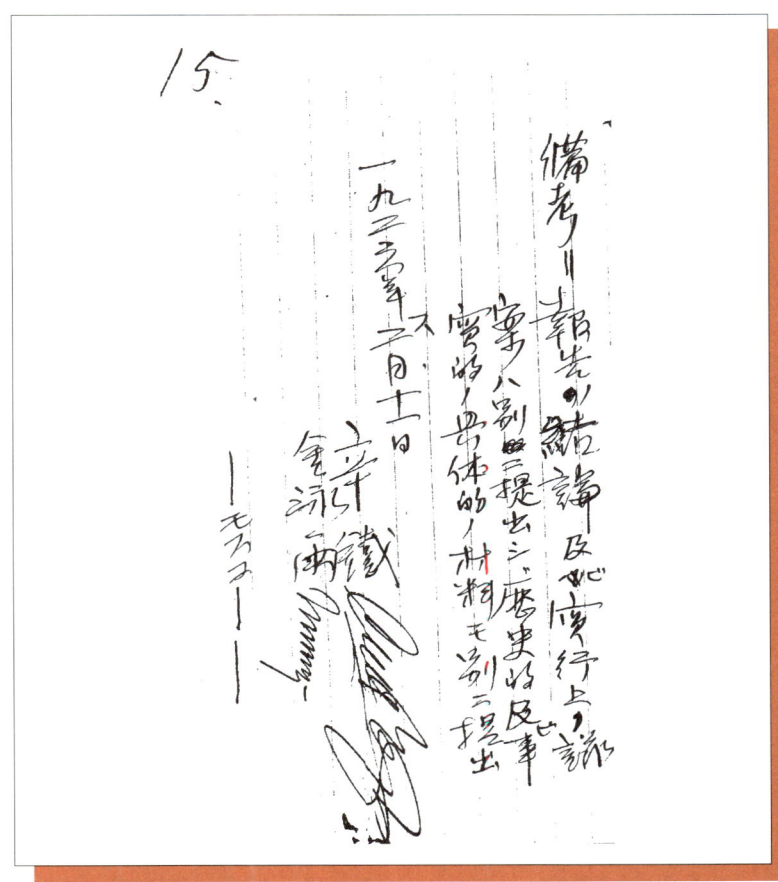

보고서 말미에 쓴, 까엔당 대표 신철·김영우의 공동서명
국제당에 파견된 까엔당 대표자 신철과 김영우는 공동으로 작성한 보고서에서 조봉암이 국제당에 허위 보고를 했다고 주장했다. 조봉암이 조선공산당 창립대회라고 말한 1925년 4월대회가 사실은 공산당 창립대회가 아니라 '3개 공산 그룹 대표자들의 연합회의'였다는 것이었다.

컫는 명칭이었다. 합법적인 사상 단체 북풍회를 주된 활동 근거지로 삼아서 '북풍파'라고 곧잘 불리던 그룹이었다. 까엔당이란 조선인민당을 뜻하는 러시아어 '카레이스카야 나로드나야 파르치야 Корейская Народная Партия'의 이니셜로 추정되는데, 속뜻을 풀어놓은 당사자들의 기록이 발견되지 않아 정확한 의미는 아직 알려져 있지 않다.

까엔당 사람들의 얘기에 좀 더 귀 기울여 보자. 그들이 보기에는 4월회의에서 선출된 기관은 조선공산당 중앙집행위원회가 아니었다. '세 그룹 연합위원회'였다. 여기서 말하는 세 그룹이란 화요회 내부의 공산주의 비밀결사, 북풍회 내부의 비밀결사(까엔당), 노동당 내부의 공산주의 비밀결사다. 각 그룹은 세포 조직과 지도기관을 독자적으로 유지한 채 연합위원회에 합류했다. 이런 점에서 연합위원회는 세 공산 그룹 지도부의 협의기관이었을 뿐이다.

연합위원회에 파견한 까엔당의 두 멤버는 김약수金若水와 정운해鄭雲海였다. 이들은 다른 다섯 위원들과 함께 연합위원회 회의를 개최했지만, 횟수가 적었다. 그해 5월부터 8월까지 불과 세 차례의 회의만 열렸다.[110] 연합위원회 위원들 사이의 일체감도 낮았다. 그들의 상호관계는 화학적으로 결합된 상태가 아니었다. 화요회 공산 그룹측 위원들은 까엔당측 위원들에게 자기 그룹의 세포 조직 상태와 활동상을 가르쳐주지 않았다. 반대편도 마찬가지였다. 세 그룹은 상호간에 비밀을 공개하지 않았으며, 여전히 독립적으로 활동했다. 이는 연합위원회 결성 당시에 이뤄진 합의사항이었다. "유일 조선공산당의 기초가 성립할 때까지 까엔당의 내부조직 및 당원, 사업 등에 관한 비밀을 보장하고 이번 3파 제휴에는 공개하지 않는다"는 것이 약속되었다고 한다.[111]

까엔당의 모스크바 사절단에 따르면, "1925년 10월 24일 까엔당 중앙집행국 회의는 3파연합위원회의 존립의의를 부인함과 동시에 그를 해산"하기로 결정했다.[112] 이 결정은 연합위원회에 통보되었다. 그에 따라 연합위원회는 6개월간 존속한 뒤 10월 26일에 정식으로 해체되었다.[113]

까엔당은 왜 6개월 만에 연합위원회에서 이탈했는가. 이에 대해 까엔당 사절단은 여러 가지 이유를 들었다. 그 가운데 중요한 것은 두 가지였다. 하나는 화요회 공산 그룹이 다른 그룹에게는 알리지도 않고 단독으로 국제당 가입을 꾀했기 때문이었다. 조봉암을 파견하여 "3파 연합회의를 고려공산당 창립대회라 하고, 연합위원회를 공산당 중앙간부라고 보고"한 일은 실제와 다를 뿐 아니라 국제당과 동료 공산 그룹을 기만한 행위였다.[114] 도저히 용납할 수 없는 범죄였다. 그럼에도 불구하고 그 기만행위의 결과 9월결정서가 채택되었다는 소식을 들었다. 좌시할 수 없는 일이었다.

다른 하나는 화요회 공산 그룹이 "좌경의 편견과 행동을 버리지 않은 일" 때문이었다. 화요회 공산 그룹의 좌경적 강령 폐지는 3파 연합의 조건 중 하나였다. 까엔당은 화요파의 소비에트공화국 강령과 반종교운동 정책의 중단을 요구했고, 그를 약속받았기 때문에 연합위원회 결성에 합의했다는 것이다.

그 외에도 두 그룹 사이에 야기된 빈번한 조직적 알력이 적대감을 고조시켰다. 까엔당의 주장에 따르면, 자파의 영향력 하에 놓인 지방 단체를 화요회 그룹이 각종 비열한 방법을 동원하여 탈취하려 했다고 한다. 조선일보사 문제도 양측 관계를 악화시켰다. 조선일보사 문제란 조선총독부의 압력을 받은 신문사 경영진이 사회주의 성향을 지닌 자사 기자들을 해직시킨 사건을 가리킨다. 해직 기자들은 대부분 화요회와 북풍회 소속 회원들이었다. 이에 대한 대응방식을 둘러싸고 화요파와 까엔당 그룹은 엇갈렸다. 화요파 공산 그룹은 해직 범위를 최소화하되 신규 채용 기자를 사회주의자로 충원하기로 경영진과 합의한 데 반하여, 까엔당 그룹은 신문사 경영진을 전면적으로 공격하기로 결정했던 것이다.

이런 이유로 까엔당은 조선공산당 결성에 참여한 지 6개월 만에 이탈을 결정했다. 이어서 자파의 입장을 국제공산당에 전달할 두 사람의 대표를 파견했다.[115] 한 사람은 신철이었다. 그에게 1925년 10월 27일자로 "본당을 대표하여 국제공산당에 보고·건의·연락할 일체 권리를 위임"한다는 위임장이 발급되었다. 다른 한 사람은 김영우인데, 그가 파견된 날짜는 같은 해 12월 10일이었다. 두 사람의 파견일에 43일의 차이가 있음이 눈에 띈다. 그 사이에 아마도 조선 문제에 관한 국제당의 9월결정서 내용이 접수되었던 것으로 보인다. 그리고 그에 따라 화요파 중심의 조선공산당이 국제당의 지부로 정식 승인받는 상황을 적극적으로 저지해야 한다는 좀 더 절실한 동기가 조성되었던 것으로 추측된다.

까엔당의 밀사 신철은 경남 통영 출신의 25세 청년이었다. 서울, 북간도, 상해, 도쿄 등지에서 중등 및 고등교육을 경험한 특이한 이력의 소유자였다. 3·1운동 이후에는 재러시아 조선인 사회주의운동에 참가했으며, 이르쿠츠크의 공산당 학교를 수료했다. 1923년 봄에는 국제공청의 대표자로서 조선 내지에 고려공청 중앙기관을 결성하는 임무를 띠고 파견, 결국 자신의 소임을 훌륭히 성취한 유능한 인물이었다. 또 한 사람의 밀사 김영우가 어떤 사람인지에 대해서는 잘 알려져 있지 않다. 그도 신철과 마찬가지로 문필과 언어 능력이 우수한 20대 중후반의 신지식층 청년이었을 것이다. 러시아 체류 경력도 다소간 있었을 것으로 보인다.

까엔당의 두 밀사는 모스크바로 길을 떠났다. 그들의 소임은 국제당의 조선공산당 잠정 승인 조치를 취소시키는 데 있었다. 국제당의 9월결정서는 사실과 다른 허위 보고에 입각해서 이뤄진 것이므로, 자신들이 국제당에 출두해서 진실을 밝힐 의무가 있었다. 그들은 일단 진실이 밝혀지기만 하면 조선공산당의 잠정 승인 조치는 취소되고 진정한 통일 조선공산당 건설이 가능하게 될 것이라 믿었다.

고려공산동맹의 반발

지금 화요회 공산당Хваехвой компартия이 결성된 것과 관련하여, 조선 내지와 해외에서 미증유의 분파 투쟁이 발발하고 있습니다. 우리가 보기에는 파쟁은 아직 종식되지 않았습니다. 국제당은 조선 문제를 충분히 검토하지 않았으며, 건강한 기초를 놓지 못했습니다.[116]

서울청년회 내부의 공산 그룹 대표자 김영만金榮萬은 국제당 앞으로 보낸 편지에서 이렇게 강경한 어조로 항의했다. 서울을 떠나 모스크바로 향하던 1925년 11월 27일 블라디보스토크에서 쓴 글이었다.

김영만은 조선공산당을 '화요회 공산당'이라고 낮춰 불렀다. 그것은 조선의 모든 공산주의 세력을 대표하는 공산당이 아니라, 화요회라는 사상 단체의 내부에 존재하는 일개 공산주의 그룹에 불과하다는 뜻이었다. '화요회 공산당'이 스스로 조선공산당이라고 부르는 것은 참칭이고, 다른 공산 그룹을 모욕하는 행위였다.

김영만을 파견한 단체는 서울청년회 내부에 존재하는 고려공산동맹이라는 비밀결사였다. 서울청년회라는 단체의 머리글자를 따서 흔히 '서울파'라고 불리던 공산 그룹이었다. 이 공산 그룹은 조선 내지에서 활동하는 가장 영향력 있는 양대 공산 그룹 가운데 하나였다. 화요회 내부의 공산 그룹과 더불어 조선 사회운동을 양분하고 있다는 평가를 받았다. 그래서 고려공산동맹의 반발은 다른 중소 규모 공산 그룹의 그것과는 비교도 안 될 정도로 파괴력이 컸다.

김영만은 '미증유의 분파 투쟁'이 발발했다고, 조선 내지와 해외에서 공히 그러하다고 썼다. 조선공산당의 잠정 승인에 항의하는 공산 그룹들이 일제히 들고 일어났음을 가리키는 말이었다. 이미 살펴보았듯이 이 말은 거짓이나 과장이 아니었다. 조선공산당 4월대회에 참여했던 까엔당 그룹이 그로부터 이탈했고, 자신이 소속된 고려공산동맹 그룹도 국제당 결정에 반대하고 나섰다. 스파르타쿠스당은 4월대회에 참석한 조선노동당 간부를 제명해 버렸다. 그리하여 조선 내에서만도 무려 세 개의 공산 그룹이 항의 대표단을 파견했다. 김영만의 편지는 조선 내지와 해외에 널리 퍼져 있는 조선공산당 반대 여론을 반영하고 있다. 그는 국제당이 조선 문제를 충분히 검토하지 않았다고 썼다. 9월결정서가 잘못된 것임을 완곡히 에둘러서 표현한 것이었다. 이어서 조선 혁명을 위한 건강한 기초를 놓지 못했다고 비판했다. '화요회 공산당'을 잠정 승인한 조치를 염두에 둔 표현이었다.

김영만의 사명은 국제당의 조선공산당 잠정 승인을 취소시키는 데 있었다. 김영만의 주장에 따르면, 화요회 공산당은 국제당의 지부로 승인받을 만한 통일공산당이 아니었다. 그것은 과오와 기만, 분열 책동으로 점철된 일개 공산 그룹일 뿐이었다. 화요파 공산 그룹이 옷을 바꿔 입은 것에 지나지 않았다. 그러므로 국제당의 1925년 9월 결정은 잘못된 것이었다.

그렇다면 통일공산당을 어떻게 만들자는 말인가? 김영만은 주장했다. 고려공산동맹은 올바른 노선을 견지해온 조선 내지의 가장 영향력 있는 공산 그룹이라고. 이를 배제하고는 강력한 통일공산당을 조직하는 것은 불가능한 일이었다. 그렇다고 해서 서울파 단독으로 조선공산당을 결성하려는 것은 아니었다. 각파 공산 그룹을 망라한, 진정으로 통일된 조선공산당을 결성하자는 것이 그의 주장이었다.

고려공산동맹은 김영만에 뒤이어 두 사람을 더 파견했다. 그해 12월 5일자로 이운혁李雲赫과 최창익崔昌益을 '전권위원'으로 임명했다.[117] 두 사람은 먼저 출발한 김영만과 함께 어깨를 겯고 고려공산동맹의 입장을 대표할 예정이었다.

고려공산동맹의 파견자 세 사람은 연령이 20대 말에서 30대 초에 이르는 청년들이었다. 가장 젊은 김영만이 27세이고, 최연장자인 이운혁이 31세였다. 김영만과 이운혁은 서울파 공산 그룹 구성원들이 공유하는 전형적인 경력을 갖고 있었다. 3·1운동 때 혁명

고려공산동맹의 대표자 김영만, 최창익, 이운혁의 자필 서명

서울청년회 내부의 비밀결사 고려공산동맹 또한 1925년 11월 대표를 모스크바에 파견했다. 김영만이었다. 뒤이어 12월 5일에는 이운혁과 최창익을 '전권위원'으로 임명한 후 역시 모스크바에 파견했다. 국제당의 조선공산당 잠정 승인을 취소시키기 위해서였다. 이리하여 조선 내지에 근거를 둔 3개의 공산주의 그룹, 즉 스파르타쿠스당, 까엔당, 고려공산동맹이 조선공산당의 국제당 단독 가맹을 저지하기 위해 외교운동에 나서게 되었다.

3장 _ 경쟁자들

운동에 헌신한 점, 3·1운동의 경험 끝에 사회주의를 수용한 점, 이후 줄곧 노동자·농민·청년운동에 참여한 점 등이 그것이다. 최창익은 일본 유학생 출신이었다. 20대 후반에 귀국한 뒤 줄곧 서울에서 사회주의운동에 참여했다.

고려공산동맹이 모스크바 대표를 한꺼번에 보낸 것이 아니라 상당한 시차를 두고서 두 번에 나눠서 파견한 사실이 눈에 띈다. 앞서 보았듯이 까엔당도 그러했다. 그렇게 해야만 하는 심상찮은 상황이 그 사이에 전개되었던 것으로 보인다. 각 공산 그룹이 각개 약진하는 방식으로는 '화요회 공산당'의 국제공산당 단독 가입을 저지하기 어렵다는 공동 인식이 조성되었을 것이다. 따라서 행동 통일을 약속했을 것이다. 각 공산 그룹이 독자적으로 대표단을 파견하되 대표단들은 모스크바에서 연합 외교에 임하기로 약속이 이뤄졌던 것으로 보인다.

이리하여 조선 내지에 근거를 둔 3개 공산주의 그룹이 조선공산당의 국제당 단독 가맹을 저지하기 위해 외교운동에 나섰다. 국제당 외교를 둘러싼 분파 투쟁이 일찍이 찾아보기 어려운 기세로 타오르기 시작했다. 각 공산주의 그룹의 대표자들이 저 멀리 모스크바까지 찾아가서 국제공산당을 상대로 하는 외교전을 전개하는 복잡한 양상이 펼쳐졌다. 이 그룹들은 정치적 연합을 결성했다. '화요회 공산당'의 독주에 맞서는 비주류 연합, 이른바 '서북노 3파 연합'이 모스크바에 등장한 것이다.

4장
조동호의 외교

조동호의 임무

조선공산당 전권대표 조동호는 뒤늦게 모스크바로 출발했다. 당 중앙집행위원회로부터 대표 증명서를 발급받은 때는 1925년 5월 27일이었는데,[118] 상해를 떠나 모스크바로 출발한 것은 그해 12월 30일이었다.[119] 외교사절로 임명된 지 7개월이 지난 뒤에야 비로소 임지로 떠났던 것이다.

그동안 조동호는 도대체 무엇을 하고 있었을까. 이미 언급했듯이 조동호는 국제당 동아시아 담당관의 판단과 권유에 따라 국제당 출장기관이 소재하는 상해에 머물러 있었다. 그곳에서 6월부터 9월까지 모스크바의 조봉암에 대한 지원 활동에 종사했다. 모스크바와 상해 사이에 소련 정부의 외교 행낭을 이용한 국제당 우편물 수발 시스템이 개설되어 있었기 때문에 가능한 일이었다. 그뿐만이 아니었다. 조동호는 서울에 잠복해 있는 조선공산당 중앙과의 비밀 통신에도 종사했다. 압록강을 사이에 두고 중국 안동安東시와 조선 신의주에 마련된 연락 거점이 이 통신에 이용되었다. 암호로 쓴 편지가 서울과 상해 사이로 오갔다.

상해에 체류 중인 조동호가 모스크바의 국제당과 서울의 조선공산당 사이를 효과적으로 중계하고 있었음은 서울 주재 러시아 총영사관에서 작성한 비밀 보고서에서도 확인할 수 있다. 그에 따르면 조동호가 상해에서 보낸 편지가 서울에 도착했는데, 거기에는 군사 문제에 관한 국제당의 지령이 기재되어 있었다. 조선에 적위군을 조직할 필요성이 있다는 내용이었다. 이에 대해 조선공산당의 중앙간부들은 반대의 뜻을 명백히 했다. 왜냐하면 조선의 현재 실정상 그것은 불가능하기 때문이었다. 심지어 '그것은 완전히 잠꼬대 같은 소리다'라는 반응까지 나왔다고 한다.[120] 이로 미뤄볼 때 1925년 6~9월 시기에 조동호는 국제당과 조선공산당을 잇는, 가장 신뢰할 만한 연락 거점이었음을 알 수 있다.

모스크바로 파견되었던 조봉암이 남만춘과 더불어 상해로 되돌아온 것은 10월 말경이었다. 그들이 도착한 뒤 9월결정서는 지체 없이 서울로 반입되었다. 조동호의 진술에 의하면, 당 중앙이 9월결정서를 접수한 것은 11월에 가서였다.[121] 그렇다고 서울의 당 중앙이 9월결정의 내용을 그때까지 모르고 있었던 것은 아니다. 그해 10월 20일자로 작성된 고려공청 책임비서 박헌영의 글에는, 조선공산당이 국제당의 잠정 승인을 받았다는 사실이 명시되어 있다.[122] 상해로부터 9월결정서를 송부받기 이전에 이미 그 내용을 인지하고 있었음을 알 수 있다. 다른 통로로 승인 사실을 전해 들었음에 틀림없다. 서울 주재 소련총영사관으로부터 비밀리에 전해 들었던 것으로 보인다.

조선공산당이 국제당의 승인을 받았다는 소식은 서울의 조선공산당 간부들을 매우 기쁘게 했다. 그들은 큰 용기와 자부심을 얻었다. 근접거리에서 조선공산당을 관찰하던 서울 주재 소련총영사관 내부의 국제당 연락관의 보고서를 보면, 당 중앙은 단숨에 강화되었다고 한다. 그들은 매우 유쾌해졌고, 어떤 분쟁도 두려워하지 않았다. 그들 사이에는 불신감이 사라졌고, 건강하고 부지런한 분위기가 발현되었다고 한다.[123]

조동호와 조봉암, 남만춘 등 상해 체류 당간부들은 그해 10월 하순부터 12월까지 국제당 담당관들과 함께 9월결정서 후속 문제를 논의했다. 후속 문제는 세 가지였다.[124] 첫째, '결정서 제1항에서 언급한 자료'를 속히 모스크바로 보내야만 했다. 여기서 말하는 자료란 창당대회에서 채택했다는 강령, 규약, 정책 결정안 등의 문헌을 가리킨다. 국제당은 조선공산당의 정식 승인 문제를 그 자료의 도착을 기다려서 심의하기로 결정했으므로, 그에 능동적으로 대응할 필요가 긴급히 제기되었던 것이다.

둘째, 국제당의 조선공산당 정식 승인을 이끌어 내야 했다. 이들은 9월결정서에서 조선공산당의 국제당 가입이 이뤄지지 않았음을 너무나 잘 알고 있었다. 조선공산당은 '잠정 승인' 되었을 뿐이었다. '정식 승인'이 필요했다.

위 두 가지 사항은 결국 조선공산당의 국제당 가입 문제와 연관되는 것이었다. 셋째 문제는 그와는 달랐다. 9월결정서 제4항에 명시된, '간도' 지역의 조선인 공산주의 단체는 조선공산당 중앙의 지시 하에 사업한다는 규정에 관한 것이었다. 조선공산당 중앙집행위원회는 '간도'를 '만주'로 변경시켜 줄 것을 요청했다. 조선인 공산 단체는 만주 전역에 산재하고 있으며, 간도는 그 일부이기 때문이었다. 요컨대 조선공산당 간도총국이 아니라 만주총국이 설립될 필요가 있었다.

그뿐만이 아니었다. 9월결정서에 맞서는 국내외 여러 공산 그룹들의 반대운동에도 대응해야 했다. 조선 내지에서는 적어도 3개 공산 그룹이 자신의 대표단을 모스크바로 파견했음이 확인되었다. 연해주의 분위기도 반대운동으로 분주했다. 당외 공산 그룹들 사이에 정치적 연합이 형성되어, 조선공산당에 맞서는 거대한 진영이 떠오르고 있었다. 그저 지켜만 볼 상황이 아니었다. 연합반대파의 '책동'에 맞서서 공산당과 공청을 수호해야 할 필요가 있었다.

이러한 협의는 상해의 당 간부들에게서만 이뤄진 것이 아니었다. 서울의 당중앙과도 다양한 경로를 통해 의견 교환이 이뤄졌다. 의사소통의 정확성을 기하기 위해 조선공산당 중앙집행위원이 직접 해외로 출장을 나오는 일까지 있었다. 7인 중앙집행위원 가운데 한 사람인 유진희俞鎭熙의 북경 여행이 그 경우에 속했다. 1925년 11월 14일부터 6일간 북경에 체류했던 그는 총독부 법정에서 진술하기를, 1~2년간 영어를 배우고 중국의 정치 상태를 연구하기 위해 북경으로 갔다고 한다. 그런데 때마침 중국 군벌 간의 내전이 격화된 탓에 신변의 위협을 느껴서 곧 되돌아 왔다고 말했다.[125] 그러나 이것은 위장 진술이었다. 그의 실제 목적은 국제당 담당관 및 상해 체류 중인 당 간부들과의 회견이었다. 실제로 유진희는 북경에서 조동호와 조봉암, 남만춘과 회견했다. 보이틴스키로 추정되는 국제당 담당관도 참석했다. 이 자리에서는 9월 결정서 채택에 관한 배경 설명과 조선공산당의 향후 사업에 관한 전반적인 의견 교환이 이뤄졌다.[126]

참석자들은 9월결정서 후속 문제를 해결하려면 속히 새로운 외교 대표자를 모스크바로 파견해야 한다는 데 합의했다. 조동호가 나설 때가 온 것이었다. 그의 모스크바 여행 목적은 조봉암으로부터 바통을 이어받아 조선공산당과 국제당과의 관계를 반석 위에 세우는 것이었다. 창당대회 자료를 살뜰히 챙겨서 국제당에 제출하고, 조선공산당의 국제당 내 지위를 '잠정 승인'에서 '정식 승인'으로 올려놓는 일이 그의 가장 중요한 임무였다. 연극에 비유하자면 2막극이었다. 잠정 승인을 이끌어낸 조봉암의 모스크바 외교가 제1막이었다면, 정식 승인 문제를 둘러싼 조동호의 외교는 제2막이 되는 셈이었다.

모스크바의 조동호

1925~26년 당시 시베리아 횡단열차로 블라디보스토크에서 모스크바까지 가는 데는 약 12일이 걸렸다. 출발일과 도착일이 분명한 여행자 사례를 통해 이를 짐작할 수 있다. 예컨대 1926년 10월 30일에 블라디보스토크를 출발한 한 여행자는 11월 11일에 모스크바에 도착했다고 한다.[127] 그를 감안하면 상해를 떠난 조동호가 블라디보스토크를 거쳐 모스크바에 도착한 시점은 1926년 1월 중순경이었을 것으로 판단된다.

모스크바에 도착한 조동호가 가장 먼저 해야 할 일은 9월결정서의 이월 문제를 해결하는 것이었다. 9월결정서 제1항에는 "조선공산당 창립대회의 결정을 구체적으로 승인하는 문제는 모든 자료가 도착할 때까지 연기한다"고 쓰여 있었다.[128] 창립대회에서 채택된 문건들을 검토하지 않고서는 조선공산당의 가입 여부를 판정하지 않겠다는 것이 국제당의 기본 입장이었다. 이 때문에 조동호가 역점을 두어 시행한 최초의 업무는 바로 조선공산당 창립대회의 증빙 문건들을 제출하는 일이었다.

조동호는 긴 분량의 보고서를 작성하여 국제당 집행위원회 앞으로 보냈다. 이 보고서의 원본은 조선어로 쓰였다. 그것은 러시아어로 번역되었는데, 타자된 분량이 26쪽에 이르렀다. 문제시된 증빙 문건은 이 보고서에 포함되거나 첨부되었다. 대회 문건이란 구체적으로는 강령, 규약, 정책 결정안 등을 가리킨다. 이중에서 정책 결정안은 본문 속에 포함시켰다. 당대회에서 논의된 의안은 10개였는데, 각 의안별로 결정 사항을 상세히 기록했다. 당 규약안은 분량이 많았기 때문에 첨부문서 형태로 보고서 말미에 덧붙였다. 당 강령은 제출하지 않았다. 창립대회에서 그를 채택하지 않았고, 대신 중앙집행위원회로 하여금 제2차 당대회 때까지 작성하도록 위임했기 때문이었다.[129]

보고서 작성일자는 1925년 12월 25일이었다. 모스크바로 출발하기 이전 상해에 체류할 때 집필했던 것이다. 이 사실은 보고서 작성이 조동호 단독이 아니라 상해로 귀환한 선임 외교 사절들(남만춘, 조봉암)과의 협의 속에서 이뤄졌음을 시사한다. 또한 비교적 넉넉한 시간적 여유를 갖고 주의 깊게 집필되었음을 짐작케 해준다.

조동호는 보고서 결론 부분에서 자신의 요구사항을 명백히 했다. 그중 첫 자리를 차지하는 것은 "1925년 4월 17일 서울 대회에서 결성된 공산당과 그 대회에서 선출된 중앙위원회를 승인"하는 문제였다.[130] '잠정 승인'이 아니라 '정식 승인'을 요구했던 것이

1925년 12월 25일자 조동호 보고서의 러시아어 번역본 첫 장

조선공산당 전권대표였던 조동호는 1925년 12월 30일 모스크바로 떠나면서 작성일이 12월 25일로 되어 있는 긴 분량의 보고서를 국제당집행위원회 앞으로 보냈다. 이 보고서는 조선공산당의 잠정 승인이 아닌 정식 승인, 연해주 조선인들의 조선공산당 반대 운동 중지 조치 등의 요구를 담고 있었다..

다. 또한 간도총국 설립에 관한 결정을 만주총국으로 변경해 달라는 요구도 뚜렷이 했다. 그 외에 연해주 조선인들의 조선공산당 반대운동을 중지시키는 조치를 취하고, 조선공산당 예산안을 속히 확정해 줄 것도 아울러 요청했다.

연합 반대파의 대표자들

조동호만이 아니었다. '화요회 공산당'에 맞서는 비주류 연합진영의 대표자들도 속속 모스크바에 집결했다. 일자를 확인할 수 있는, 모스크바에서 제출한 그들의 최초 보고서가 1926년 1월 21일자로 작성된 점으로 미뤄보면, 그들은 조동호와 거의 같은 시기에 목적지에 도착했던 것으로 보인다.

비주류 대표자들도 활발한 외교 활동에 임했다. 그들은 연합 진영의 대표자였기 때문에 각자 두 갈래의 문서를 작성했다. 하나는 각 그룹의 독자 보고서이고 다른 하나는 합동 보고서였다.

고려공산동맹의 대표자들은 그해 1월과 2월 사이에 적어도 네 종류의 독자 보고서를 국제당과 국제공청 앞으로 제출했다. 1926년 1월 김영만·최창익·이운혁 3인이 나란히 이름을 올린 20쪽짜리 보고서(1월보고), 그해 2월 김영만과 최창익 2인이 서명한 11쪽 분량의 보고서(2월보고), 그해 2월 2일자로 김영만이 국제공청 앞으로 제출한 13쪽짜리 보고서(2월공청보고), 그해 3월 이운혁이 제출한 5쪽 분량의 추가 보고서(3월보고)가 그것이다.

북풍회 내부의 비밀 공산 그룹 까엔당 대표자들도 그해 2월 11일자로 16쪽 분량의 긴 보고서를 제출했다. 신철과 김영우의 공동 명의로 작성된 문서였다. 한편 스파르타쿠스당 대표자 이남두도 2월 3일자로 19쪽짜리 보고서를 국제당 앞으로, 그와 별개의 5쪽짜리 보고서를 국제공청 앞으로 제출했다. 이들 독자 보고서는 각 공산 그룹의 형성과 활동상, 내부 기밀에 관한 정보를 상세히 담고 있다. 집필자들은 조선 내지의 대중운동 속에서 자기 그룹이 얼마나 큰 영향력을 갖고 있는지를 입증하고 싶어 했다. 또한 예민한 쟁점들에 관하여 각기 자파의 관점과 논리를 설득력 있게 개진했다. 하지만 자기 그룹의 입장을 대변한다는 목적의식성이 강렬했던 만큼 편견과 억측도 포함되어 있었음은 물론이다.

합동 보고서도 양과 질 두 측면에서 풍부했다. 고려공산동맹과 까엔당의 합동 보고서가 1월 21일, 22일에 걸쳐 국제공청과 국제당 앞으로 제출되었다. 이 문서에는 두 그룹을 대표하여 김영만과 신철이 나란히 서명을 했다. 두 사람은 연합진영의 다른 대표자들보다 한발 앞서서 모스크바에 도착했던 것으로 보인다. 그로부터 20일쯤 지난 뒤에는 세 그룹 연합진영의 공동의견서가 작성되었다. 2월 13일자로 스파르타쿠스당을 포함한 세 그룹의 대표자 5인이 〈조선 문제에 관한 실행상의 의안〉과 〈조직 문제에 대한 구체적 공동 의안〉을 국제당 앞으로 제출했다. 각각 14쪽, 15쪽에 달하

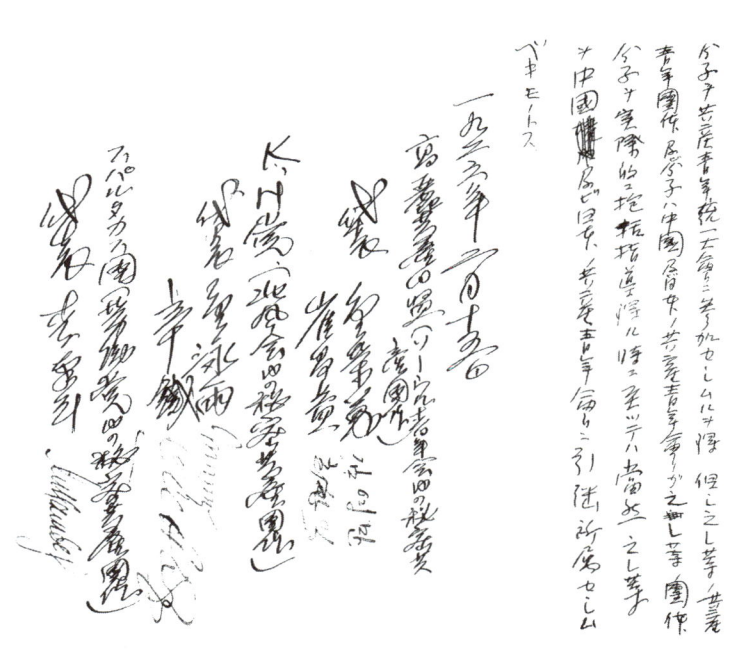

서북노 연합 반대파 대표자들의 공동서명

1926년 2월 13일 스파르타쿠스당, 까엔당, 고려공산동맹 세 그룹 연합진영은 공동의 견서를 작성하여 국제당에 제출했다. 이어서 2월 15일에도 두 가지 합동 보고서를 제출했다. 국제당으로부터 잠정 승인을 받은 조선공산당(화요회 공산당)은 일개 공산주의 그룹에 불과하므로 국제당의 지부로 승인해서는 안 되며, 자신들을 포함한 네 개의 비밀 공산 그룹이 통일공산당을 조직해야 한다는 것이 의견서의 핵심 내용이었다. 그림은 1926년 2월 15일자 〈조선공산당 조직에 관한 첨부 의안〉 말미에 적힌 서북노 연합 반대파 대표자들의 공동 서명.

는 긴 분량의 문서였다. 이어서 2월 15일에는 〈조선공산당 조직에 관한 첨부 의안〉과 〈조선공산청년회 통일에 대한 공동 의안〉을 각각 국제당과 국제공청 앞으로 보냈다.

세 차례에 걸쳐서 작성된 합동 보고서에는 여러 가지 제안이 담겨 있었지만, 그중에서 핵심적인 것은 통일공산당을 조직하기 위한 방법론이었다. 그에 따르면 '화요회 공산당'은 일개 공산주의 그룹에 불과하므로 국제당의 지부로 승인하지 말아야 했다. 합동 보고서에는 대안이 제시되어 있었다. 네 그룹 연합론이었다. 비주류 세 그룹과 '화요회 공산당'을 합친, 네 개의 비밀 공산 그룹의 연합을 통해 통일공산당을 조직할 수 있다는 주장이었다. 네 공산 그룹의 대표자들로 조선공산당준비위원회를 조직하고 그와 동시에 각 공산 그룹의 중앙기관을 해체한다는 내용이었다.[131]

여기서 한마디 해 둘 것이 있다. 그토록 격분했던 당준비회 그룹이 반反조선공산당운동에 가담하지 않았다는 점이다. 당준비회 대표자들을 국제당 논의에 초청해 달라는 이동휘의 요청이 수용되었는지 여부에 대해서는 아직 알려져 있지 않다. 하지만 그들이 반당운동에 가담하지 않은 것만은 분명하다. 당준비회 대표자는 1926년 3월 결정서 채택을 둘러싼 국제당 내부 논의 자리에 한 사람도 참석하지 않았다.

당준비회 그룹이 반당운동에 참가하지 않은 배경에 대해서는 김철수의 회고록에 주목할 만한 언급이 있다. 그에 따르면 조선 내지 상해파 공산 그룹은 조선공산당에 개인 자격으로 참가한 자파 구성원 주종건朱鍾建과 유진희의 행동을 추인했다고 한다. 나아가 조선공산당 검거 사건이 발발한 1925년 12월 이후에는 전면적으로 조선공산당에 참여하기로 결정했다. 그뿐만이 아니다. 연해주의 이동휘에게 연락하여 조선공산당을 승인할 것을 권유하기까지 했다.[132] 내지 상해파 공산 그룹의 이러한 태도가 러시아의 당준비회 지도자들의 행동에 영향을 준 것으로 판단된다. 당준비회 그룹이 연합 반대파에 가담하지 않은 이유는 그들 자신의 합목적적인 판단이 선행되었기 때문이었음이 분명하다.

쿠시넨위원회

조선 문제가 국제당 집행위원회의 현안 중 하나로 떠올랐다. 조선 공산당과 비주류 연합진영, 양자를 대표하는 사람들이 동일한 시기에 상이한 주장을 설파하고 나섰기 때문이었다. 뿐만 아니라 전년도(1925) 9월결정서에서 미결로 남겨뒀던 문제도 해결해야 했다. 국제당은 이 문제를 전담하기 위한 특별 기구를 설립했다. 비서부 산하의 조선위원회가 바로 그것이었다. 쿠시넨이 위원장을 맡았으므로 이 위원회를 쿠시넨위원회라고 부르고자 한다.

쿠시넨위원회가 언제 어떤 사람들로 설립되었는지 정확히 확인해주는 자료는 아직 발견되지 않았지만, 실제에 가깝게 추정하는 것은 가능하다. 설립 일자는 1926년 1월 말이나 2월 초였을 것이다. 왜냐하면 1월 중순경에 조선 각파의 대표자들이 모스크바에서 활동을 개시했고, 2월 7일자 동방부 회의록에 조선위원회의 존재에 관한 언급이 있기 때문이다.[133] 위원회의 임무는 조선 문제에 관한 심의 결과를 국제당 집행위원회 제6차 총회에 제출하는 데 있었다. 제6차 총회 개막일이 2월 17일이었으므로 위원회의 활동 기간은 보름 전후였다. 쿠시넨위원회는 시한에 쫓겼던 것 같다. 제6차총회 개막일을 넘긴 2월 21일에야 조선 문제에 관한 결론을 내렸던 것을 보면 말이다.

조선위원회 위원들이 어떤 사람들인지에 대해서는 현재 접할 수 있는 3개 회의록에 등재된 인명들을 종합하는 방법으로 알 수 있다. 회의록에서 1회 이상 거명된 사람들은 조선인 대표자들과 통역을 제외하면 8명이었다. 쿠시넨을 비롯하여 콘블룸Kornblum, 바실리예프, 페퍼Pepper, 가타야마 센, 포킨, 슈티르너Штирнер, 페트롭스키Петровский 등이었다.

이중에서 3인은 동방부 업무의 책임자들이었다. 바실리예프와 가타야마는 국제당 동방부의 위원이었고, 포킨은 국제공청 동방부 비서였다. 게다가 이 세 사람은 전년도 9월결정서를 입안한 미츠케비치조선위원회 5인 멤버의 구성원이기도 했다.[134] 조선 문제

오토 쿠시넨(1881~1964)
국제당은 조선 문제의 해결을 위해 비서부 산하에 쿠시넨을 위원장으로 하는 특별 기구 조선위원회를 설립했다. 포킨과 바실리예프 등이 비주류 연합 그룹의 존재 자체를 부인한 것과 달리 조선 문제 전문가였던 쿠시넨 위원장은 조선공산당뿐만 아니라 비주류 연합 그룹의 대표자들도 조선위원회에 초청할 필요가 있다고 주장했다.

에 관한 한 국제당 내부의 전문가들이었다.

비서부의 위촉에 따라 선임된 그 외 다섯 사람의 위원은 독일, 핀란드, 러시아 등 유럽 지역 공산당의 요인들이었다. 이들의 조선 문제에 관한 전문적 소양은 차이가 있었다. 쿠시넨을 제외하면 조선 문제에 익숙한 사람을 지목하기는 쉽지 않다. 쿠시넨은 1921년 11월부터 1926년 2월에 이르기까지 여섯 차례 설립된 조선위원회에서 단 한번을 제외하고는 줄곧 위원으로 선임되었다. 달리 말하면 여섯 차례 채택된 조선문제결정서 논의 과정에서 한번을 제외하고는 지속적으로 참여했던 것이다. 그래서 그는 동방부의 주무 책임자들 못지않게 조선 문제에 관한 뚜렷한 의견을 갖고 있었다.

위원들의 의견은 동일하지 않았다. 특히 비주류 연합 그룹의 대표자들을 대하는 태도가 두드러지게 달랐다. 동방부의 정치비서이자 조직국장인 바실리예프는 그들에게 냉담한 태도를 취했다. 까엔당 대표를 자임하는 신철의 위임장이 위조되었을 가능성이 있다고 의심했다. 스파르타쿠스당 대표자 이남두도 신뢰할 수 없다고 보았다. 조선 담당 주무 책임자인 자기는 이 단체의 존재에 대해서 전혀 들은 적이 없으며, 그가 가져온 위임장도 전혀 모르는 사람들이 서명했다고 말했다.[135]

국제공청 동방부 비서인 포킨도 바실리예프의 의견에 동조했다. 그도 신철이 북풍회 내 지하 공산 그룹의 대표라는 사실을 인정할 수 없다고 주장했다.[136] 그는 신철의 전력을 들며 비난했다.

신철이 1923년에 국제공청의 파견을 받아서 조선에 입국했는데, 그 후 신뢰를 저버리고 국제공청의 조선 내부 조직을 결렬시켰을 뿐만 아니라 반대편 그룹에 몸을 담았다는 것이다.[137]

바실리예프는 비주류 연합진영의 대표자들을 싸잡아 묵살했다. 위임장이 의심스런 사람만이 아니라 그들 전부를 조선위원회에 출석시킬 가치가 없다고 주장했다. 파격적인 주장이었다. 조선위원회가 비주류 연합 그룹 대표자들과 대화하는 것 자체를 막고 싶어 했다. 비주류 연합 그룹의 존재 자체를 부인하는 제안이었다.

그는 동방부 임원으로서 겪는 불쾌감을 토로했다. 모스크바에 온 동방 각 나라 당 대표자들과 협의하는 일은 동방부의 고유한 직무였다. 그런데 동방부에서 이 기능을 떼어 조선위원회에 이관한 것이다. 동방부에 대한 불신이자 동방부를 모욕하는 처사였다. 그는 "동방부를 불신하는 견지에서 이뤄지는 논의에는 동의하지 않겠습니다"라고 단언했다.[138]

위원장 쿠시넨이 제지하고 나섰다. 그는 조선위원회의 지위와 임무를 환기시켰다. 조선위원회는 비서부의 위임에 의거해서 설립되었으며, 동방부 문제가 아니라 조선 문제를 심의하는 것이 임무라고 언급했다. 따라서 조선공산당뿐만 아니라 비주류 연합 그룹의 대표자들도 조선위원회에 초청할 필요가 있다고 주장했다.[139]

이처럼 비주류 연합 그룹 대표자 출석 여부는 쿠시넨위원회 회의석상에서 뜨거운 논란의 대상이 되었다. 이 논란은 국제당 본부의 두 기관인 비서부와 동방부의 힘겨루기 양상마저 띠었다. 그러나 이 논란은 회의석상에서는 더 계속되지 않았다. 위원장의 의도대로 회의를 진행하기로 합의되었던 것이다. 비주류 대표자 출석 여부 논란은 조선의 각 공산 그룹을 바라보는 국제당 조선담당관들의 시각 차이를 내장한 것이었다. 따라서 그것은 국제당 의결 과정의 각 단계마다 형태를 달리하여 계속 모습을 드러냈다.

항의

우리는 내키지 않는 슬픈 마음으로 이 글을 씁니다. 왜냐하면 이 글이 조선당 문제에 대한 가타야마 동무의 태도를 다루기 때문입니다 …… 가타야마 동무는 조선 사정을 알지 못하고 국제당 집행위의 모든 결정들을 터득하지 못했습니다. 그럼으로써 우리 문제의 올바른 해결을 방해하고 있습니다.[140]

조동호는 국제당 동방부 앞으로 파격적인 의견서를 제출했다. 모스크바에 주재하는, 국제공청 동방부 위원 조훈과 공동으로 작성한 글이었다. 조동호의 모스크바 외교가 조훈의 지원 속에서 이뤄졌음을 엿볼 수 있다. 전년도 조봉암의 외교가 남만춘과 조훈의 공동 지원 하에서 이뤄진 것과 대비가 된다. 남만춘은 조봉암과 함께 이미 상해로 귀환한 상태였다.

의견서는 저명한 일본인 국제주의자 가타야마 센을 공박하는 내용이었다. 가타야마는 당년 68세의 원로로서, 1922년 이래 국제공산당 집행위원으로 재직해 왔고, 특히 간부회 위원이자 동방부 위원으로서 조선을 포함한 동아시아 혁명운동의 진로에 폭넓은 영향력을 행사하는 중요 인물이었다. 그래선지 어조는 공손하고 정중했다. '내키지 않는 슬픈 마음'을 품고서 이 글을 쓴다고 부연한 것도 가타야먀에게 쏠리는 뭇 사람들의 경의를 고려했기 때문이었다.

그러나 어조와는 달리 내용은 신랄했다. 조동호와 조훈은 먼저 가타야마의 무지를 탓했다. 조선의 노동자·농민운동이 노농총동맹을 통해 조선공산당의 지도를 받고 있음에도 불구하고, 가타야마는 조선 사정을 알지 못한 채 도리어 당의 입지를 위협하고 있다는 것이다. 두 사람은 가타야마가 국제당의 규율을 위배하고 있다고 비난했다. 가타야마는 국제당의 결정을 존중해야 하는 집행위원이면서도 1925년 9월결정서의 정신을 유린하고 있다는 것이다.

구체적으로는 가타야마가 서북노 3파 연합의 파견자들과 연계를 맺고 있음을 문제 삼았다. 가타야마는 모스크바에 와 있는 김영만, 신철, 이남두와 빈번히 만나고 있으며, 그러한 행위는 국제당 동방부를 경유하지 않은 채 이뤄졌다고 한다. 그뿐만이 아니었다. 조선인 유학생들이 밀집해 있는 동방노력자공산대학에도 조선공산당을 부인하는 반대파가 있는데, 그들도 가타야마와 연계를 맺었다. 최근의 일이 아니라 무려 1년 반 전부터 그래왔다고 한다.[141]

가타야마는 동방부의 임원이면서도 다른 임원들과 상이한 행동

양상을 보여주고 있었다. 그는 동방부 내에서는 항상 소수 의견이었기 때문에 자신의 의사를 관철하기 어려웠지만, 그렇다고 해서 자신의 독자적인 판단과 행동을 유보하지는 않았다. 그는 비주류 연합진영의 대표자들과 회견할 필요성을 인정했다. 그들과 만나기를 주저하지 않았으며, 그들의 의견을 진지하게 청취하곤 했던 것이다.

조동호는 불안했던 것 같다. 가타야마의 그러한 행동이 봉쇄되어야 한다고 판단했다. 게다가 그의 내심을 초조하게 하는 더욱 충격적인 사태까지 벌어졌다. 불과 이틀 전에 국제당 집행위원인 쿠시넨과 가타야마가 조선위원회 회의를 열었는데, 그 자리에 조선공산당의 공식 대표인 자신이 초청되지 않았던 것이다. 연합반대파의 대표들만이 그 자리에 참가했다. 고려공산동맹, 까엔당, 스파르타쿠스당의 대표들이 망라되어 있었다. 그뿐만이 아니었다. 자신의 입장을 변호해 줄 수 있는, 보이틴스키나 바실리예프 같은 동방부 위원들은 참석하지 않았다.

이런 현상이 묵과되거나 되풀이되어서는 곤란했다. 조동호는 강경한 수단을 택했다. 연합반대파 대표단을 고무하는 행위를 봉쇄할 수 있는 조치가 필요했다. 그러나 조동호는 문제제기의 범위를 한정하는 사려 깊은 태도를 취했다. 쿠시넨과 가타야마를 동시에 적대시하는 것은 지혜롭지 못하다고 보았음에 틀림없다. 그래서 1926년 2월 5일자로 가타야마 한 사람만을 공박하는 문서를 국제당에 제출했다. 가타야마는 동방부 위원으로 재직 중이었으므로 그의 언행이 동방부의 규율을 위반했다고 공격할 소지가 있었던 것이다. 조동호는 "가타야마 동무의 용납할 수 없는 행위"가 조선공산당의 정상적인 발전을 저해하고 있다고 주장했다. 국제당 동방부가 이 행위를 억제하는 적절한 조치를 취해줄 것을 요청했다.[142]

조동호와 조훈의 행동이 그들만의 독자적인 판단만으로 이뤄진 것은 아니라고 생각한다. 단독으로 했다고 보기에는 상대방의 비중이 너무 컸다. 반향이 만만치 않을 터이므로 후폭풍을 감당할 뒷심이 있어야 했다. 조봉암의 외교 때에도 그랬듯이, 조동호에게도 국제당 내부의 협력자 그룹이 있었다. 보이틴스키 그룹이 그들이다. 국제당과 국제공청 동방부에서 조선 문제를 전담하고 있는 바실리예프와 포킨이 그 그룹의 일원이었다. 그들과의 내밀한 협의가 있지 않고서는 이와 같은 과격한 행동을 연출하기는 어려웠을 것이다.

불과 두 달 전 1925년 12월 18일부터 31일까지 모스크바에서 열린 러시아공산당 제14차 당대회에서 심각한 당내 투쟁이 진행되었음에 주목할 필요가 있다. 지노비예프 그룹과 스탈린 그룹 사이에 각자의 운명을 건 심각한 분쟁이 폭발했던 것이다. 2년간 복잡하게 전개된 이 분쟁은 단지 러시아공산당 내부에 한정되지 않았다. 분쟁의 불씨는 국제공산당으로까지 비화했다. 조동호와 조훈이 1926년 2월에 가타야마 센을 공박하는 의견서를 제출한 행위는 국제당으로 확산된 지노비예프 그룹과 스탈린 그룹 간의 분파투쟁을 일정하게 반영하고 있다고 평가된다.

조선공산당 승인안

조동호와 조훈이 연명으로 의견서를 제출한 지 이틀 뒤였다. 이번에는 국제당 동방부 위원들이 중대한 행동에 착수했다. 2월 7일에 열린 동방부 위원단 회의는 조선 문제를 안건으로 올렸다. 회의 출석자는 8명이었다. 동방부장 페트로프는 출장 중이었기 때문에 참석할 수 없었다. 부장 대리역을 맡은 보이틴스키를 비롯하여 바실리예프, 라페스, 로이, 가타야마 등 5인이 의결권을 가진 위원들이었다. 그 외에 근동 문제 전문가 브리케Брике, 국제여성비서부의 동방부 담당자 카스파로바Каспарова가 참석했다. 마지막으로 '하야시林'라는 일본인이 참석했으나 그의 본명과 직위에 대해서는 알 수 없다.[143] 조선공산당의 국제당 단독 가입을 지원해온 보이틴스키와 바실리예프가 눈길을 끈다. 또한 비주류 연합반대파의 의견을 지속적으로 경청해온 가타야마가 출석한 점도 주목된다.

이날 회의에서 조선공산당 승인안이 논의되었다. 국제당 내부의 중층적인 의결 과정을 좇아서 조선공산당 승인 문제를 가결시키는, 그 첫 번째 발걸음을 뗐던 것이다. 승인안의 첫 구절은 "비서부 조선위원회 앞으로 동방부 명의의 다음 의견을 제기한다"는 문장으로 이뤄져 있었다. 동방부의 다음 단계는 비서부 산하 조선위원회, 즉 쿠시넨위원회였던 것이다.

승인안은 두 가지 사항으로 이뤄져 있었다. 하나는 이른바 '화요회 공산당'의 지위에 관한 것이었다. "작년(1925년-인용자) 4월에 결성된 조선공산당의 승인 문제를 확대총회에 제기한다"는 내용이었다. '작년 4월에 결성된 조선공산당'이란 반대파에게 '화요회 공산당'이라고 지칭되던 바로 그 공산주의 단체였다. 그 단체의 국제공산당 가입 문제를 앞으로 10일 뒤에 개막할 국제공산당 집행위원회 제6회 확대총회에서 심의하도록 상정한다는 말이었다. 확대총회는 국제공산당 대회가 소집되지 않은 해에 개최되곤 하던, 대회에 버금가는 최고 의결기관이었다. 따라서 이 제안은 조선공산당 승인 문제를 본격적인 의결 궤도에 올려놓았음을 의미했다. 동방부가 제기한 의안을 쿠시넨위원회를 거쳐 제6회 확대총회에서 심의하는 의사일정이 개시된 것이다.

다른 하나는 비주류에 속하는 각 공산주의 그룹에 관한 것이었다. 아직 조선공산당에 합류하지 않은 당외 공산 단체 구성원들에게 속히 입당할 것을 종용한다는 내용이었다. 이어서 그들 대표단의 제안에 대해서는 거절의 뜻을 명백히 했다. "이 단체들의 대표자들과 협상하는 자리에서 조선공산당 건설 사업을 처음부터 다시 시작하자는 모든 제안(당준비위원회 등의 조직)을 단호하게 거절한다"고 표명했다.[144]

조선공산당 주류 세력이 승리를 거둔 셈이었다. 반면 서북노 연합대표단은 전혀 얻은 게 없었다. 승인안에는 비주류 공산 그룹의 존재에 대한 그 어떤 긍정적인 메시지도 담겨 있지 않았다. 그들이 제안했던 주류·비주류 공동의 당준비위원회 조직안은 기각되고 말았다.

회의록에 따르면 이 안건은 만장일치로 가결되었다. 동방부 임원들 사이에 조선 문제를 바라보는 시각이 동일하지 않았음에도 그랬다. 가타야마는 보이틴스키와 바실리예프의 제안에 대해 적극적 반대를 표하지 않았던 것으로 보인다. 하지만 의견을 달리하는 가타야마가 왜 이 제안에 대해 별다른 의사 표시를 하지 않았는지, 내면의 심리 상태를 엿볼 수 있는 자료는 아직 발견하지 못했다. 가타야마만이 아니었다. 각종 문제에 대해 종종 독립적 태도를 취하던 저명한 인도 공산주의자 로이도 이 안건에 반대하지 않았다. 이제 조선공산당 승인 문제는 첫 번째 고개를 넘어 다음 고개로 나아갔다. 국제당 동방부의 손을 떠나서 국제당 비서부 산하 조선위원회로 넘어갔다.

쿠시넨위원회의 심의

쿠시넨위원회는 동방부가 상정한 조선 문제 의안을 심의하는 권한을 갖고 있었다. 위원회는 자신의 결론을 이끌어내기 위해서 바삐 서둘렀다. 조선의 쌍방 대표자들이 제출한 서면 보고서를 검토하고, 그들을 출석시킨 상태에서 구두 보고를 청취했다. 조선 대표자들은 따로따로 초청받았다. 서북노 연합 그룹의 대표단 5인은 2월 11일 회의에, 조선공산당 대표 조동호는 2월 13일 회의에 출석했다. 위원들은 의문점이 떠오르면 질의응답을 실시했고, 불분명한 점이 있다고 생각되면 추가 보고서를 요구하기도 했다.

쿠시넨위원회가 자기 의견을 확정한 것은 2월 21일이었다. 제6회 확대총회가 개막한 지 4일 뒤였다. 이날 회의에서 동방부로부터 이관되어 온 조선공산당 승인안에 대해 조선위원회의 태도를 확정했다. 그것은 세 가지 골자로 이뤄져 있었다.[145]

첫째, 조선공산당의 국제당 가입을 승인했다. 회의록에는 "작년

(1925년-인용자) 4월에 성립한 공산 단체를 국제당의 지부인 공산당으로 승인한다는 동방부의 제안에 동의한다"라고 표현되어 있다. 동방부의 제안 가운데 가장 중요한 핵심 조항에 대해 동의를 표했던 것이다. 조동호의 입장에서 본다면 가장 험난한 관문을 통과한 셈이었다. 국제당 동방부에 뒤이어 쿠시넨위원회도 이렇게 결정했으므로 이제 '화요회 공산당'의 국제당 가입은 사실상 확정된 것이나 다름없었다. 별다른 이변이 없는 한, 다음에 올 제6회 확대총회의 의결도 걱정할 게 없었다. 그저 시간 문제일 뿐이었다.

두 번째 문제는 동방부의 조선 정책에 관한 판정이었다. 회의록을 주의 깊게 읽어보자. 쿠시넨위원회는 "조선 문제에 관한 동방부의 노선이 기본적으로 옳음"을 인정했다. 그에 더하여 당외 공산 그룹의 우수한 분자들이 공산당에 인입될 수 있도록 동방부는 필요한 조치를 취해야 한다고 권고했다. 이 말은 행간의 의미를 읽어야 하는, 고도의 정치적 표현이었다. 진정한 의미는 동방부가 기본적인 측면에서 과오를 범했다고 판정한 것이었다. 이렇게 해석할 수 있는 근거는 위원들의 발언이 가감 없이 기록되는 속기록에서 찾을 수 있다. 회의석상에서 콘블럼은 동방부가 기본적으로는 옳지만 기본적이지 않은 점에서는 옳지 않았다고 발언했다.[146] 속기록과는 달리 회의록에는 이러한 의사가 좀 더 완곡한 문장으로 표현되었던 것이다. 결국 동방부가 당외 공산 그룹에게 배타적·적대적으로 응대해온 점을 비판했던 것이다.

세 번째는 당외 공산 그룹에 대한 태도였다. 쿠시넨위원회는 모스크바에 와 있는 비주류 공산 그룹 대표자들에게 우호적인 메시지를 전했다. 국제당은 자신의 지부로 승인된 조선공산당에 반대하지 않는다면 당외 공산 그룹과도 연계를 맺기를 희망한다는 내용이었다. 동방부가 취했던 태도와는 확연히 다른 것이었다. 당외 공산 그룹들의 존립 근거를 인정하는 조치였다.

이처럼 세 가지 골자로 이뤄진 심의 의견은 쿠시넨위원회 내부에 존재하는 양대 흐름이 절충된 결과였다고 평가할 수 있다. '화요회 공산당'을 국제당의 지부로 승인한 조치는 바실리예프를 비롯한 동방부 다수 임원들의 뜻이 관철된 것이었다. 그러나 당외 공산 그룹에 대한 태도는 바실리예프 등의 의사에 정면으로 반하는 것이었다. 그것은 쿠시넨과 가타야마를 필두로 하는 조선위원회 다수 위원들의 의사였다.

이제 두 번째 고개를 넘었다. 다음 고개는 국제당 집행위원회 제6회 확대총회였다. 마지막 관문이었다. 그것만 넘으면 조선공산당의 국제당 가입 문제는 최종적인 타결을 보게 될 터였다.

국제당 집행위 제6회 확대총회 조선소위원회

1926년 2월 17일, 마침내 국제당 집행위 제6회 확대총회가 개막되었다. 이 확대총회는 전년도 3~4월에 열린 제5회 확대총회에 이어서 11개월 만에 개최되는 국제당의 최고위급 의결기관이었다. 이 총회는 3월 15일까지 약 한 달간 계속되었다.

조동호는 확대총회 개막 전부터 준비 업무에 참여했다. 개막 한 달 전에 국제당 동방부 내부에는 7개 준비위원회가 일시적으로 설립되었다. 그중 하나가 '일본·조선위원회'였다. 이 준비위원회 구성원은 15명이었다.[147] 가타야마, 보이틴스키, 바실리예프, 라페스 등 동방부 위원들도 거기에 포함되었다. 조선인은 3인이었다. 조동호를 비롯하여 조훈과 최성우崔成宇였다. 최성우는 동방부에 속하는 외국인 직원 15인 가운데 한 사람으로서 '조사관보' 직함을 갖고 있었다.[148] 이 준비위원회의 임무는 확대총회에서 심의할 의안을 작성하는 것이었다. 준비위원회들의 활동 시한은 매우 짧았다. 길어야 2주일 남짓이었다. 2월 8일이 마감일이었다.[149] 마감일은 확대총회 개회일로부터 약 1주일 전이었다. 동방부 위원단이 각 준비위원회에서 입안한 의안들을 최종적으로 검토할 기간이 필요했기 때문이다.

제6회 확대총회가 개막된 이후 조동호는 조선공산당 대표자 자격으로 참석했다. 확대총회 참가자 명단을 보면, 조선공산당 대표로는 '김Ким'이라는 사람이 '심의권을 갖는 대표자предст.совещ.голосом'로 기재되어 있다.[150] 여기서 말하는 '김'이란 곧 조동호를 가리킨다. 어떻게 이를 확인할 수 있는가? 1926년 2월 2일자로 동방부 정치비서가 확대총회 자격심사위원회 앞으로 보낸 통지문에 따르면, 조선대표는 'Чо-Дон-Хо(Ким)'이라고 명기되어 있다.[151] '김'과 '조동호'가 동일인임을 확인해주고 있는 것이다. 의결권이 아니라 심의권만 부여받은 점에 눈길이 간다. 정식 지부가 아닌 공산당의 대표자이기 때문이었다. 확대총회 개막 당시 조선공산당은 '잠정 승인' 되었을 뿐, 아직 국제당의 정식 지부가 아니었다.

조동호는 확대총회 본회의에는 물론이고 분과위원회에도 소속되었다. 확대총회 회기 중에 설치된 분과위원회는 11개였다. 정치위원회, 노동조합위원회, 자격심사위원회, 대중활동위원회 등 4개 분야별 위원회와 영국위원회, 프랑스위원회, 아메리카위원회, 스칸디나비아위원회, 독일위원회, 일본위원회, 동방위원회 등 7개 지역 혹은 국가별위원회였다. 이중에서 동방위원회 산하에는 4개의 각국별 소위원회가 배속되었다. 소위원회 명칭은 중국소위원회, 프랑스령식민지소위원회, 인도소위원회, 조선소위원회였다.[152] 조동호가 소속되었던 분과위원회는 둘이었다. 그는 일본위원회 13인 위원 중 1인으로 뽑혔고, 또한 동방위원회 산하 중국소위원회 위원 22인 가운데 한 사람으로도 선임되었다.[153]

조선소위원회에 주목할 필요가 있다. 바로 이 위원회가 확대총회 내에서 조선 문제를 실질적으로 심의할 기구였기 때문이다. 조선소위원회의 지위는 동방위원회 산하에 배속된 네 개 소위원회 가운데 하나였다. 이 기구가 바로 조선공산당이 국제당 가입을 위해서 넘어야 할 세 번째 고개였다. 조동호는 조선소위원회에 배속되지는 않았다. 두 개의 대표단이 시시비비를 다투고 있는, 민감한 심의 의안의 피심사자 지위에 있었기 때문에 배제되었을 것으로 판단된다.

조선소위원회 위원으로 선임된 사람들은 쿠시넨위원회와 그다지 다르지 않았다. 회의 속기록에 등장하는 사람은 쿠시넨, 바실리예프, 보이틴스키, 가타야마, 콘블럼 등이었다. 이 외에도 더 있었겠지만 그들은 의사결정에 능동적으로 참여하지는 않았던 것으로 보인다. 위원들의 면면을 보면 쿠시넨위원회의 논의 지평이 조선소위원회에서도 지속되었음을 짐작할 수 있다. 특이한 점은 보이틴스키가 가세한 사실이다. 동방부 주도 세력의 영향력이 더 보강되었음을 알 수 있다.

이 소위원회의 임무는 조선 문제에 관한 정책을 성문화하는 데 있었다. 3월 7일자 회의에서 결정서 초안이 배포되었다.[154] 낭독자가 콘블룸이었던 사실로 미뤄보아 그가 집필한 것으로 판단된다. 그는 확대총회 이전에 쿠시넨위원회에도 참여했기 때문에 논의의 자초지종을 잘 이해하고 있었다. 게다가 동방부의 독주를 견제하는 입장을 취하고 있었기 때문에 양대 의견을 고루 반영할 수 있는 적임자로 꼽혔을 것이다.

조선소위원회 논의 기조는 양대 의견 그룹의 절충과 타협이었다. 위원장 쿠시넨의 첫 발언에서 그것이 잘 드러난다. 그는 동방부의 사업이 항상 오류를 범해왔다고 평가했다. 충격적인 발언이었다. 하지만 그는 상황의 악화를 바라지는 않았다. 오류가 있긴 했지만 그럴만한 정황이 있었던 점도 아울러 이해한다고 말했다. 그는 동방부 사업을 승인하는 결정에는 동참하되 그렇다고 해서 동방부의 모든 노선을 승인하지는 않겠다고 밝혔다. 그가 견지한 입장은 동방부 제안에 대한 조건부 동의론이었다. '화요회 공산당'의 국제당 가입을 승인하되, 당외 공산 그룹에 대해서도 공정하게 국제당의 문호를 개방할 필요가 있다는 것이 쿠시넨의 입장이었다.[155] 쿠시넨의 생각은 쿠시넨위원회의 최종 입장과 동일했다. 뿐만 아니라 콘블룸이 입안한 초안과도 기조가 일치했다.

쿠시넨은 솔직하게 발언했다. 조선 문제를 둘러싸고 국제당 내에 두 흐름이 있다는 말이 들려온다고 했다. 한편에 쿠시넨과 콘블룸이 있고, 다른 한편에 보이틴스키와 바실리예프가 있다는 말이었다. 당사자들이 모두 참석한 자리에서 이처럼 직접적으로 언급한 것으로 미뤄보면, 당시 국제당 내에서 이런 얘기가 공공연하게 거론되고 있었음을 짐작케 한다. 쿠시넨은 이런 관측을 입증시켜주는 행위를 하지 말자고 요청했다.[156] 상황을 격화시키지 말자는 말이었다. 결국 쿠시넨은 자신의 견해를 후퇴시켰음이 분명해 보인다. 보이틴스키 그룹이 과오를 범해왔다고 인식하면서도, 그들의 제안을 조건부로 수용하는 길을 선택했던 것이다.

보이틴스키는 콘블럼의 초안 낭독과 쿠시넨의 기조 발언을 듣고 난 뒤 말했다. "당이 승인된다면 다른 모든 것은 2차적입니다."[157] 그의 속마음을 잘 드러낸 발언이었다. '화요회 공산당'의 국제당 가입이 승인된다면, 당외 공산 그룹 문제에 대해서는 승부를 다투지 않겠다는 뜻이었다.

동방부의 임원이면서도 보이틴스키 그룹과 거리를 둬 온 가타야마가 자신의 입장을 밝혔다. 그는 조선공산당의 국제당 가입을 지지한다고 전제했다. 이어서 "중요한 문제는 반대파에게 어떻게 대하느냐 하는 것"이라고 문제의 소재를 정확히 짚었다. 가타야마는 서북노 연합 반대파에 대해 동방부가 취했던 종래의 태도는 과오였다고 못박았다. 당외 공산 그룹에게 반당 투쟁을 하지 않는 조건 하에서 국제당과 긴밀히 연락할 수 있도록 허용해야 한다는 게 가타야마의 입장이었다.[158] 가타야마가 조선소위원회 내부의 양 그룹 속에서 어떤 태도를 취했는지 명백히 드러난다. 쿠시넨·콘블럼 그룹의 입장에 동의했던 것이다.

1926년 3월결정서

조선소위원회가 성안한 '조선문제결정서'는 국제당 집행위원회 제6회 확대총회에서 가결되었다. 이어서 그해 3월 31일에 국제당 간부회에 의해 확인되었다.[159] 이 결정서를 '3월결정서'라 부르려고 한다.

3월결정서는 6개항으로 이뤄져 있다. 그중 제1항은 조선공산당 승인 문제를 다뤘다. "1925년 4월에 결성된 공산당을 국제당의 지부인 조선공산당으로 승인하자는 동방부의 제안에 동의한다"는 내용이었다. 짧고 단순한 문장이지만 거기에 내포되어 있는 무게감은 막중했다. 조선 공산주의운동의 생성 이래로 다년간 현안 문제이던 국제당 가입 문제가 이로써 최종적으로 해결되었던 것이다. 조동호 외교가 거둔 커다란 성과였다.

조선공산당의 국제당 가입 승인 일자와 관련하여 이설이 존재한다. 일본인 연구자 무라다 요이치村田陽는 국제당 집행위 제7

Секретно.

РЕЗОЛЮЦИЯ ИККИ ПО КОРЕЙСКОМУ ВОПРОСУ.

/Принятая Президиумом 31/III с добавлением о проф-
союзных вопросах/.

1. Согласиться с предложением Вост. Отдела о признании коморганизации, образовавшейся в апреле 1925 года, Корейской Компартией, секцией Коминтерна.

2. Просить Секретариат ИККИ принять нужные меры к тому, чтобы Кор.Ком.Партия обеспечила возможность вовлечения в партию всех лучших элементов из среды еще не вошедших в партию коммунистических групп и из национально-революционных организаций.

3. Коминтерн готов держать непосредственную связь – при условии, что они не будут вести борьбы с признанной К.И. компартией – со всеми корейскими революционными организациями и коммунистическими группами, помогая им товарищеским советом и т.п. и рассматривая их, как сочувствующие коммунистические группы.

4. Обратить внимание корейских революционных организаций на то, что ни один, заслуживающий этого имени, корейский революционер не может и не должен бороться с корейской компартией; наоборот, каждый корейский революционер должен понимать, что Коркомпартия является организацией решительной и непримиримой борьбы за национальное и социальное освобождение корейского народа.

5. Основная задача всех корейских революционных организаций на ближайшее время заключается в следующем: всемерно используя все легальные возможности, развернуть систематическую работу по созданию единого национально-революционного фронта, путем согласования, объединения и самого энергичного расширения работы

1926년 3월결정서 첫 장

1926년 2월 17일 국제당 집행위 제6회 확대총회에서 조선소위원회가 성안한 '조선문제결정서'가 가결되었고 1926년 3월 31일 국제당 간부회에 의해 확인되었다. 이 3월결정서는 조선공산당의 국제당 가입 문제가 최종적으로 해결되었다는 내용을 담고 있다.

회 확대총회에 출석한 조훈이 "1926년 4월 11일에 코민테른 가맹을 승인받은 조선공산당"의 대표자라고 썼다.[160] 근거는 제시되어 있지 않다. 이 주장 때문에 조선공산당의 국제당 가입 시기는 4월 11일로 알려져 왔고, 조선문제결정서는 4월결정서라고도 불렸다.

하지만 이 견해는 잘못 알려진 것으로 판단된다. 조선공산당 가입 시기를 명시한 공식 기록이 있다. 국제당 집행위원회가 조선공산당 중앙집행위원회 앞으로 발송한 통지서가 그것이다. 거기에는 "1926년 3월에 열린 국제당 집행위 제6회 확대총회가 조선공산당을 국제당의 지부로 승인했음을, 국제당 집행위는 귀당에게 통지합니다"[161]라고 명시되어 있다.

3월결정서의 제2, 제3, 제4항은 당외 공산 그룹에 관한 조항이었다. 국제당은 공산당에 참가하지 않은 공산 그룹을 '공산주의 동조그룹сочувствующие коммунититеские группы: sympathizing communist groups'으로 간주하며, 그들에 대해서도 직접 연계를 수립할 용의가 있다고 밝혔다(제3항). 단 조건이 붙었다. 국제당의 승인을 받은 조선공산당에 적대행위를 하지 않아야 한다는 것이었다(제4항). 한편 조선공산당은 당 바깥에 놓인 공산주의자들의 입당 가능성을 보장해야 한다고 덧붙였다(제2항).

이 조항들은 서북노 연합 그룹에게는 최선의 결과가 아니었다. 그들이 제기했던, 4개 공산 그룹이 각각 1/4의 지분을 갖고 조선공산당준비위원회를 구성한다는 제안은 논의 초기부터 전혀 힘을 받지 못했다. 그렇지만 이 조항들은 차선의 성과라고 평가할 만했다.

국제당 동방부가 종래 그들을 반혁명적인 범죄 단체인 양 적대시 하던 태도와는 커다란 차이가 있었다. 당외 공산 그룹들에게 합법성을 인정하는 조치였다. 설혹 조선공산당 외부에 있다 하더라도 국제당과 직접 관계를 맺을 수 있는 권한을 부여받았던 것이다.

3월결정서의 제5, 제6항은 민족통일전선 정책에 관한 내용이었다. 조선공산당과 당외 공산 그룹들에게 각각 민족통일전선 창설을 위해 진력할 것을 요구했다. "모든 합법적 가능성을 백방으로 이용"하고, "합법 대중 단체에 대한 자신의 모든 영향력을 다할" 것을 요청했다.

제6항 말미에는 당과 당외 그룹의 상호관계에 대해 부연되어 있다. "당에 들어오지 않은, 서울청년회를 비롯한 공산 그룹들"을 위한 조항이었다. 고유명사까지 거론한 점이 주목된다. 이 그룹들은 당에 맞서 투쟁하지 않는다면 결정서 제3항에 따라 공산주의 동조 그룹으로 인정된다고 명시했다. 이어서 쌍방의 의무를 거론했다. 당은 당외 그룹의 합법 단체들 속에 자신의 세포조직을 설립해서는 안 된다고 명시했다. 공산주의 동조 그룹도 마찬가지였다. 상대방의 대중획득 사업을 방해하지 말 것이며, 쌍방의 공동 행동을 위해 노력할 것을 당부했다.

3월결정서 후속 조치

국제당 집행위원회 제6회 확대총회(1926년 2월 17일~3월 15일)가 종료된 후 동방 및 식민지 분야에 관한 조직체계에 큰 변동이 생겼다. 이 분야 업무를 주관해오던 동방부가 해체되고 새로운 기구가 설립된 것이다. 신설 기구는 근동비서부Ближневосточный секретариат와 극동비서부Дальневосточный секретариат라고 불렸다.[162] 이중에서 조선 문제를 담당하는 기구는 후자였다. 1921년 1월에 만들어졌다가 초창기 조선 공산주의운동을 분란에 빠트리고 1922년 여름에 해소됐던 그 기구와 동일한 명칭이었다.

극동비서부의 관장 범위는 조선, 중국, 몽골 세 나라였다. 일본이 제외된 점이 흥미롭다. 일본은 동방에 위치하되 식민지 유형의 국가가 아닌 점을 고려하여 별개 조직으로 편성했던 것으로 보인다. 기구는 신설되었지만 그 속에서 일하는 책임자들은 크게 달라지지 않았다. 1926년 4월 9일자 극동비서부 첫 모임에 참석한 위원들은 보이틴스키(의장), 가타야마, 로이, 헬러Heller, 에르콜리 Ercoli 등이었다.[163] 조선 문제 향방의 키를 쥐고 있던 사람들이 그대로 유임되었음을 알 수 있다. 동방부 조직 개편이 실무적인 고려에서 이뤄졌을 뿐 별다른 정치적 의미는 없었던 것이다.

조동호는 조선공산당 대표 자격으로 극동비서부 첫 모임에 출석했다. 그는 3월결정서 후속 조치와 관련하여 몇 가지 사항을 실행해 달라고 요구했다. 첫째, 새 중앙위원회를 승인해 달라는 요청이었다. 조동호는 최근 2~3개월 전에 대규모 검거 사건이 일어나 구 중앙위원회 멤버들 다수가 수감되었고 새 중앙위원회가 구성되었음을 간략히 설명했다. 여기에는 혼동하지 말아야 할 요소가 있다. 새 중앙위원회를 승인하는 문제는 조선공산당의 국제당 가입과 같은 국제당 최고 수준의 의결과정을 요하는 것이 아니었다. 조선 담당 집행부서의 업무상 파트너에 변동이 있음을 상호 양해하는 수준이었다. 극동비서부장 보이틴스키는 흔연히 응했다. 당이 이미 승인되었고 새 중앙위원들을 검증할 수단이 없기 때문에 조동호의 요청을 받아들이는 것 외에 달리 선택할 여지가 없다고 말했다. 결국 조동호의 요청은 만장일치로 통과되었다.[164]

둘째, 조동호는 국제당이 조선공산당의 지부 가입을 정식으로 승인했음을 널리 공표해 달라고 요청했다. 당시 조선에 사실과 다른 루머가 퍼져 있었기 때문이었다. 연해주의 당외 공산 그룹들이 거짓 소문을 퍼트려서, 조선공산당의 국제당 가입이 좌절된 것처럼 알려져 있다는 것이다. 그러나 이 제안은 장시간 논란의 대상이 되었다. 극동비서부 위원들은 위험을 자초할 수 있다고 우려했다. 국제당이 성명을 발표하면 일본 경찰들은 수감자들을 더욱 혹독하게 취조할 것이기 때문이었다. 그러나 조동호는 완강하게 요청했다. 조선공산당의 존재는 이미 알려져 있는 사실이며, 심지어 조선의 일간지에도 그에 관한 기사가 실리고 있음을 환기했다. 설왕설래 끝에 결국 조동호의 요구가 관철되었다. 국제당 극동비서부는 조선인 대중에게 보낼 선언을 작성하기로 결정했다.

이 결정은 머지않아 실행에 옮겨졌다. 국제당 집행위원회 명의로 작성된 〈조선공산당 승인에 관한 국제공산당의 선언〉이 1926년 6월 1일자로 발표되었다. 조선공산당이 국제당의 지부로 승인되었으며, 그 사실은 조선 혁명의 발전에 큰 의의를 지니고 있다는 내용이었다. 더 나아가 조선의 모든 공산 단체와 민족 단체들에게 조선공산당과 협력하여 반일민족통일전선을 수립해달라고 호소했다. 이 선언은 "조선공산당 만세"라는 구호로 끝을 맺었다.[165]

셋째, 조동호는 연해주의 반당파를 억제해 달라고 요청했다. 연해주에 자리 잡고 있는 국민의회 그룹과 구당준비회 그룹은 여전히 당에 맞서서 싸우고 있으므로, 그 도발을 억제할 수 있도록 국제당이 힘써달라는 말이었다. 이 요구는 별다른 토론 없이 곧바로 수용되었다. 국제당 극동비서부가 러시아공산당과 접촉해서 문제를 해결하기로 합의를 보았다.[166]

조동호는 그 외에도 크고 작은 요구들을 국제당 극동비서부 앞

292
14-Ⅲ-26г. N 7483

4285/4/ПК.

МАНИФЕСТ ИККИ.

Ко всем революционным организациям Кореи.

Товарищи!

На VI-м Расширенном Пленуме Исполкома Коминтерна в марте 1926 г. Корейская Коммунистическая партия была признана секцией Коммунистического Интернационала.

Этот факт имеет большое значение для революционного движения в Корее, ибо одной из основных причин, мешавших объединению и развитию революционного движения в Корее была непрерывная фракционная борьба между коммунистическими группами в стране.

Враги освободительного движения Кореи очень хорошо понимали, каким образом использовать фракционную борьбу среди коммунистических и национально-революционных групп с целью разложения национально-революционного движения в целом.

Колонизаторский аппарат японского империализма в Корее, обрушившись всей своей тяжестью на наиболее революционные передовые участки революционного фронта, бросил в тюрьмы самых стойких и выдержанных революционеров - коммунистов, одновременно судя способами внутреннего разложения ослабить и раздробить другие участки этого фронта.

В настоящее время, когда, не взирая на неслыханные репрессии в Корее, не взирая на чрезмерно-высокий террор в стране, освободительное движение вновь накопляет силы, организовываясь для дальнейшей борьбы - организация широких масс коммунистов вокруг единого центра должна сыграть исключительную роль для судеб корейского революционного движения.

Коммунистический Интернационал, понимая всю сложность взаимоотношений между отдельными коммунистическими группами, выросшими в большинстве своем из национально-революционных организаций, имеющих провинциальные и традиционные особенности, счел, однако, на VI Пленуме ИККИ современным признать

조선공산당 승인에 관한 국제공산당의 1926년 6월 1일자 선언 첫 장

1926년 6월 1일 국제당 집행위원회 명의로 작성된 〈조선공산당 승인에 관한 국제공산당의 선언〉이 발표되었다. 조선공산당이 국제당의 지부로 승인되었음을 알리고, 조선의 모든 단체가 조선공산당과 협력하여 반일민족통일전선을 수립해달라고 호소했다.

으로 제기했다. 그중 더러는 거절되기도 하고 또는 실행이 지체되기도 했지만, 중요한 점은 다른 데 있었다. 조동호의 제안 하나 하나가 곧바로 국제당 극동비서부의 공식 의안으로 다뤄졌다는 점이다. 국제당의 지부로 공인된 공산당의 대표자에 걸맞은 대우였다.

그에 반해서 조동호와 경쟁하던, 연합 반대파의 6인 대표들의 입지는 매우 협소해졌다. 그들은 국제당 극동비서부 담당관들과 면담하는 데는 별다른 어려움이 없었다. 여러 차례 대화를 나눴다고 한다. 극동비서부측 대화 파트너로는 보이틴스키와 로이가 나왔다. 극동비서부의 최고위급 위원들이 직접 3월결정서의 내용과 의의에 대해 설명했다. 조선의 향후 사업은 이 결정서에 의거해야만 함을 누누이 강조했다고 한다. 그러나 연합 반대파 인사들의 태도는 불만에 가득 차 있었다. 로이의 눈에 띄기로는, "그들 사이에 감도는 정신은 전혀 고무적이지 않았다"고 한다.[167] 연합 반대파 대표자들은 일련의 역제안을 내놓았다. 그러나 그것은 극동비서부가 결코 받아들일 수 없는 것이었다. 그 제안을 받아들인다면 사실상 모든 것을 다시 시작해야만 했다. 3월결정서를 사실상 변경하려는 시도였기 때문이다. 로이와 보이틴스키는 국제당 3월결정을 개정하려는 시도는 지금은 결코 용납될 수 없음을 명백히 했다.

조동호의 모스크바 외교는 성공리에 끝났다. 조선공산당의 국제당 가입이라는 목표를 달성했던 것이다. 그의 전임자 조봉암이 1925년 9월결정서를 통해 '잠정 승인'을 가져온 데 뒤이어, 1926년 3월결정서를 통해 '정식 승인'을 이끌어냈다. 그의 또 다른 임무였던, 조선공산당 '간도' 총국을 '만주' 총국으로 변경하는 문제도 별다른 논란 없이 해결되었다. 재중국 국제당 파견기관 책임자가 이미 1925년 11월 시기에 찬성 의사를 모스크바로 타전했고,[168] 국제당 극동비서부 1926년 5월 22일자 회의록에 '만주총국Маньчжурское бюро' 문제가 현안으로 다뤄지고 있음을 볼 때,[169] 그와 같이 판단할 수 있다.

조선공산당과 코민테른의 관계

　이상으로 조선공산당의 국제당 가입 경위를 구체적으로 분석해 보았다. 이를 통해 양자 간의 상호관계에 관한 기존 견해 중에는 오류가 포함되어 있음을 알 수 있었다.

　첫째, 국제당의 조선 문제 의사결정이 일방적으로 이뤄졌다는 주장이 있다. 국제당이 조선인 대표자들을 배제하고 권위주의적으로 정책을 결정해왔다는 견해다. 그러나 조선인 대표자들이 조선위원회 내에서 의결권을 부여받지 못했다는 주장은 사실과 다르다. 예를 들면 1925년 9월결정서를 채택한 미츠케비치위원회의 5인 위원 중에는 조선인 대표가 포함되어 있었다.[170] 물론 조선위원회에서 한 사람의 조선인도 의결권을 갖지 못한 때가 있었다. 하지만 그 경우는 국제당의 권위주의 때문이 아니라, 서로 대립하는 두 개 이상의 대표단이 시비를 다투고 있었기 때문이었다. 1926년 3월결정서 채택 과정에서 조선인에게 의결권이 부여되지 않은 경우가 그에 해당했다. 조선인 대표자들은 분쟁의 당사자였다. 의결 과정에서 분쟁 당사자가 배제되는 것은 조선뿐만 아니라 다른 나라도 마찬가지였다. 분쟁 당사자가 아닌 경우 조선인 대표는 당연히 각급 위원회에 위원 자격으로 참여했다. 조선공산당 대표 조동호가 국제당 집행위 제6회 확대총회에서 일본위원회와 중국소위원회에 위원 자격으로 참석한 것도 이와 관련되어 있다. 결국 국제당 내 조선 문제 의사결정이 일방주의적 특징을 갖는다는 명제는 성립될 수 없음이 분명하다.

또한 국제당은 조선 문제에 관한 단일한 행위주체가 아니었음에 주목해야 한다. 국제당의 조선담당관들은 통일되어 있지 않았다. 1925년 9월결정서와 1926년 3월결정서 채택에 즈음해서는 동방부를 거점으로 하는 보이틴스키 그룹과 비서부를 거점으로 하는 쿠시넨 그룹이 나뉘어 있었다. 이들은 조선 문제에 대해 첨예한 이견을 드러냈다. 게다가 국제당 내 두 의견 그룹은 각자 조선의 양대 대표단과 결합되어 있었다. 보이틴스키 그룹은 조선공산당 대표단과 강력히 결합되어 있었고, 쿠시넨 그룹은 좀 더 느슨한 형태로 비주류 연합진영의 대표단과 연결되어 있었다. 의결에 영향을 미치는 행위자는 국제당 내 일부 당료와 조선인 일부 대표자들의 국제적 혼성 주체였다. 국제당 내 조선 문제 의결 과정은 이러한 혼성 주체들의 교호적인 역학 관계 속에서 이뤄졌다.

둘째, 조선공산당과 코민테른의 상호관계는 전적으로 종속관계였다는 견해가 있다. 조선공산당은 코민테른의 하부기관으로서 그 결정과 지시를 무조건적으로 추종해왔다고 보는 견해다. 그러나 이는 사실과 다르다. 코민테른의 결정이 혁명운동 현장의 실정과 부합하지 않을 때 그것에 반대하거나 그것을 무시한 사례를 여럿 들 수 있기 때문이다. 예컨대 국제당 동방부가 1925년 9월에 조선 적위군 조직 문제를 제기했을 때였다. 조선공산당 중앙집행위원회는 그것을 무조건 추종하는 대신 적극적인 반대에 나섰다. 또 있다. 국제당이 1925년 9월결정서에서 조선공산당을 잠정 승인했을 때였다. 조선 내지의 3개 공산 그룹과 해외에 소재하는 2개 공산 그룹이 그에 적극적으로 반대하고 나섰다. 그뿐만이 아니다. 국제당의 결정을 국제당 내부의 한 그룹이 묵살하거나 위반한 경우도 적지 않다. 국제당 동방부의 보이틴스키와 그 그룹은 국제당의 1924년 2월결정에 따라 설립된 당준비회를 돕지 않았다. 돕기는커녕 비밀리에 그를 무력화하고자 했다.

요컨대 국제당과의 관계에서 조선공산당이 피동적이었다는 견해는 사실과 합치하지 않는다. 공산주의를 수용한 개인들과 공산 그룹들은 국제당의 지시 후에 생겨난 게 아니었다. 조선 공산주의 운동의 태초에 국제당의 '말씀'이 있었던 것이 아니라, 피억압 조선인들의 해방의 염원과 자유 의지가 있었다. 공산주의 수용은 조선인들 자신의 판단과 결심의 결과였다. 코민테른의 어떤 결정이 실행에 옮겨질 수 있었던 것은 그것이 조선 혁명운동의 실제 요구에 부합했기 때문이었다. 하나의 결정이 실제로 집행되는지 여부는 코민테른의 권위가 아니라 혁명운동의 현장 적합성에 좌우되었다. 국제당의 결정이라 하더라도 조선 혁명운동의 구체적 실정에 부합하지 못한 탓에 폐기되거나 실행 지체된 사례를 제시하는 것은 전혀 어려운 일이 아니다.

조선공산당의 국제당 가입은 공산주의 운동사의 흐름 속에 커다란 물굽이를 만들어냈다. 무엇보다도 먼저 각 공산 그룹의 존재 형태를 변모시켜 나갔다. 조선공산당의 국제당 가입 이전에는 여러 공산 그룹이 각자 별립한 조직체로 존재했다. 자신의 세포 단체와 중앙기관을 갖춘, 독자의 조직적 규율을 지닌 조직체였다. 그러나 이제 당외에 존재하던 공산 그룹은 서서히 존립 기반을 상실해 갔다. 당외 공산 그룹의 구성원들은 차츰 공산당 안으로 편입되어 들어갔다. 그리고 이에 따라 당외 공산 그룹의 숫자와 영향력도 점차 줄어드는 추세를 보였다.

조선공산당은 출범 당시에는 '화요회 공산당'이라는 별칭에서 드러나듯이 여러 공산 그룹 중 하나일 뿐이었다. 그러나 국제당 가입 이후에는 달라졌다. 당외 공산 그룹의 구성원이었던 유능한 공산주의자들을 포괄하는, 조선 공산주의운동의 실질적인 대표기관으로 변모했다.

조선공산당의 국제당 가입은 민족해방운동의 지평에도 큰 파장을 일으켰다. 민족통일전선운동의 본격화가 가능해진 것이다. 여러 공산 그룹에 의해 분립적으로 진행되던 민족통일전선운동이 조선공산당의 단일 지도하에 통합됨으로써, 단일한 민족통일전선 기관이 수립될 수 있었던 것이다. 국제당에 가입한 조선공산당이 출현하지 않았더라면, 신간회와 같은 단일한 민족통일전선 기관은 태어나기 어려웠을 것이다.

주석

[1] 코민테른이란 코뮤니스트 인터내셔널Communist International의 준말로서 1919년부터 1943년까지 존속한 각국 공산당의 국제적 연합조직이다. 당시 조선인들은 그것을 국제공산당 혹은 줄여서 국제당이라고 불렀다. 이 책에서도 위 용어들을 혼용하기로 한다.

[2] 水野直樹, 〈コミンテルンと朝鮮: 各大會の朝鮮代表の檢討を中心に〉, 《朝鮮民族運動史研究》 1, 靑丘文庫, 1984[임영태 엮음, 〈코민테른 대회와 조선인〉, 《식민지시대 한국사회와 운동》, 돌베개, 1985, 346쪽].

[3] 진덕규, 〈한국 민족운동에서의 코민테른의 영향에 대한 고찰〉, 《한국독립운동사연구》 2, 1988, 396~397쪽; 권희영, 〈고려공산당연구(1921~1922)〉, 《한국사학》 13집, 한국정신문화연구원, 1993, 251쪽.

[4] Пакчерхво(박철환), Телеграмма к Войтинскому: Москва исполком коминтерна(보이틴스키 앞 전보: 모스크바 국제당 집행위) 1925년 6월 17일, с.1, РГАСПИ ф.495 оп.135 д.106 л.10.

[5] 조봉암, 〈내가 걸어온 길〉, 《희망》 1957년 2, 3, 5월호; 《죽산조봉암전집》 1, 세명서관, 1999, 352쪽.

[6] 박철환, 〈귀중한 동지 왓실녜푸〉, 1925년 10월 14일, 4쪽, РГАСПИ ф.495 оп.135 д.106 л.32-33об.

[7] 향청向靑, 임상범 옮김, 《코민테른과 중국혁명관계사》, 고려원, 1992, 25쪽.

[8] 손승회, 〈중국공산당의 성립과 코민테른―보이틴스키의 활동을 중심으로〉, 《서울대동양사과논집》 16, 서울대동양사학과, 1992, 121쪽.

[9] Список сотрудников дальне-восточного секретариата коминтерна состоящих на лицо к 1-му наября 1921г. согласно утвержденных штатов от

1-го июля с/г.(1921년 7월 1일부로 승인된, 같은 해 11월 1일 현재 국제당 극동비서부 임직원 명단), с.1, РГАСПИ ф.495 оп.154 д.91 л.12об.

10 《ВКП(б),КОМИНТЕРН И ЯПОНИЯ 1917-1941》, Москва, РАССПЭН, 2001, c.254.

11 임경석, 《한국 사회주의의 기원》, 역사비평사, 2003, 349~427쪽 참조.

12 О Штатах и орг.структуре В.О.(동방부의 정원과 조직체계), 1925년 12월 4일, с.1, РГАСПИ ф.495 оп.154 д.244 л.14.

13 조봉암, 〈나의 정치백서〉, 《신태양》 1957년 5월호 별책; 《죽산조봉암전집》 1, 세명서관, 1999, 388쪽.

14 具然欽, 〈朝鮮共産黨と高麗共産靑年會大獄記〉, 梶村秀樹·姜德相 共編, 《現代史資料》29, 東京: みすず書房, 1972, 418쪽.

15 강만길·성대경 엮음, 《한국사회주의운동인명사전》, 창작과비평사, 1996.

16 京城地方法院, 〈金燦豫審終結決定書〉 1932년 5월 6일, 《思想月報》 第2卷 第2號, 1932년 5월; 《죽산 조봉암 전집》2, 세명서관, 1999, 41, 44쪽.

17 박태균, 《조봉암 연구》, 창작과비평사, 1995, 57쪽; 김삼웅, 《죽산 조봉암 평전》, 시대의창, 2010, 134~135쪽.

18 조선공산당 중앙집행위원 7인, 〈위임장 (조봉암)〉, 1925년 5월 27일, РГАСПИ ф.495 оп.154 д.257 л.12.

19 Certificate(Pong Am Cho), 1925년 5월 8일, p.1, РГАСПИ ф.533 оп.10 д.1891 л.136.

20 Доклад делегата Коммунистической Партии Кореи тов.Чо-Донхо, Тян-кунбо: в исполнительный комитет коммунистического интернационала(조선공산당 대표 조동호 등의 보고: 국제당 집행위원회 앞), 1925년 12월 25일, с.9, РГАСПИ ф.495 оп.135 д.110 л.162-187. 이하 'доклад ······тов.Чо-Донхо, 1925년 12월 25일'로 줄임.

21 中川利吉, 《朝鮮社會運動取締法要義》, 京城: 帝國地方行政學會朝鮮本部,

22 《尹致昊日記》 11권(국사편찬위원회, 1989), 1938년 4월 12일자.

23 〈조선공산당창립총회록〉, 1925년 4월 17일, РГАСПИ ф.495 оп.154 д.257 с.1, л.1.

24 Доклад ……тов.Чо-Донхо, 1925년 12월 25일, с.7-8.

25 Доклад ……тов.Чо-Донхо, 1925년 12월 25일, 8쪽.

26 임경석, 〈1922년 베르흐네우딘스크 대회의 결렬〉, 《한국사학보》 27호, 고려사학회, 2007, 107~142쪽.

27 Доклад …… тов.Чо-Донхо, 1925년 12월 25일, с.12.

28 〈공산주의인터내셔널의 지침〉, 1919년 3월 4일: 《코민테른자료선집》 1, 동녘, 1989, 35~41쪽.

29 Доклад ……тов.Чо-Донхо, 1925년 12월 25일 с.13.

30 조선공산당 집행위원 7인, 〈위임장, 조동호〉 1925년 5월 27일, 1쪽, РГАСПИ, ф.495 оп.164 д.482 л.22.

31 〈고려공산청년회제1차창립대표회〉 5쪽, РГАСПИ ф.533 оп.10 д.1891 л.15-17об.

32 〈고려공산청년회제1차창립대표회〉, 6쪽.

33 조선공산당 중앙집행위원 7인, 〈증명서(조동호)〉, 1925년 5월 27일, с.1, л.2.

34 조봉암, 〈내가 걸어온 길〉, 《희망》 1957년 2, 3, 5월호; 《죽산조봉암전집》 1, 세명서관, 1999, 337쪽.

35 Ососбое мнение и возражения по проекту Восточного Отдела ИККИ о ближайших организационных задачах корейских коммунистических организации(조선공산당의 당면 조직과제에 관한, 국제당 동방부 초안에 대한 특별 의견), 1925년 9월 10일, с.5, РГАСПИ ф.495 оп.135 д.110 лл.141-146.

36 〈조선공산당창립총회록〉, 1925년 4월 17일, РГАСПИ ф.495 оп.154 д.257 л.1.

37 경기도경찰부, 〈(김찬)피의자신문조서 제3회〉 1931년 5월 26일: 김준엽·김창순 공편, 《한국공산주의운동사(자료편 1)》, 고려대학교출판부, 1979. 16쪽.

38 고려공청 창립대회 준비위원은 박헌영, 김단야, 조봉암 3인이었다. 〈고려공산청년회제1차창립대표회〉, 1쪽, РГАСПИ ф.533 оп.10 д.1891 л.15−17об.

39 〈고려공산청년회제1차창립대표회〉, 5~6쪽, РГАСПИ ф.533 оп.10 д.1891 л.15−17об.

40 경기도경찰부, 〈(김찬)피의자신문조서 제3회〉 1931년 5월 26일[김준엽·김창순 공편, 《한국공산주의운동사(자료편 1)》, 고려대학교출판부, 1979, 16쪽]; 경성지법예심, 〈(유진희)피고인신문조서〉 1927년 2월 21일[김준엽·김창순 공편, 《한국공산주의운동사(자료편 1)》, 고려대학교출판부, 1979, 623쪽].

41 그 당시 조동호의 러시아 입국일자에 관한 정보는 〈조사표(조동호)〉(РГАСПИ ф.495 оп.154 д.181, л.52)를, 그의 상해 귀환일자에 관해서는 상해총영사, 1922년 3월 18일자 보고《外務省警察史─朝鮮民族運動史(未定稿)》6, 고려서림, 102쪽)를 참고하시오.

42 극동민족대회 중국어 의사록 《遠東共產革命黨第一次大會記事錄》에 따르면 조선 문제에 관한 제3보고의 보고자는 조동호趙東祜였다. РГАСПИ ф.495 оп.154 д.166.

43 조봉암, 〈내가 걸어온 길〉, 《희망》 1957년 2, 3, 5호; 《죽산조봉암전집》 1, 세명서관, 1999, 352쪽.

44 〈조사표(김재봉)〉, РГАСПИ ф.495 оп.154 д.178, л.16.

45 Тену и ЛиДонхи, Характеристика членов внутри-корейского бюро, 1923년 10월 26일, с.4, РГАСПИ ф.495 оп.135 д.76 л.3−5.

46 〈喇喨한 奏樂裡 엄숙한 개회식〉, 《동아일보》 1925년 4월 16일.

47 О корейских делах(조선 사업에 관하여), 1925년 11월 중순(추정−인용자), с.2, РГАСПИ ф.495 оп.135 д.106 л.59−62.

48 Delegate of KCP T. H. Cho, Report, 1925년 8월 8일, РГАСПИ ф.495 оп.135

д.110 л.117-126; Чо-Донго член ЦК и официальный делегат при Коминтерне(중앙집행위원 겸 국제당 공식대표 조동호), Работа со времени 1-й конференции 17 апреля 1925 г.(1925년 4월 17일 제1회 대표자회의 이후의 사업), 1925.8.22, РГАСПИ ф.495 оп.135 д.110 л.127-129.

[49] 조봉암은 모스크바 유학생활이 '1년 반' 동안이었다고 회고했다《내가 걸어온 길》,《죽산조봉암전집》1, 세명서관, 1999, 351쪽). 그러나 이 회고는 착오다.

[50] 조훈의 한자 성명은 조훈趙勳으로 알려져왔다. 하지만 이는 일본 관헌 문서에 나오는 부정확한 한자 표기를 그대로 옮겼거나 와전된 것임이 분명하다. 조훈과 절친한 관계를 맺고 있는 조봉암이 그에게 보낸 사적인 편지에서 조훈曺勳이라고 기재한 것으로 미뤄보건대 후자가 실제에 부합한 것으로 판단된다.

[51] Ли-ен-шен(이영선), Уважаемому тов.Куусинену копия тов.Вознесенскому Вост.отд.КИ(존경하는 쿠시넨 동무 앞, 국제당 동방부 보즈네센스크 동무에게도 사본을 보냄), 1925년 9월 3일, с.1, РГАСПИ ф.495 оп.135 д.108 л.36-42.

[52] 아우 朴, 〈金濟惠, 鏪革道 급 曺勳 동무〉, 1925년 10월 19일, 3~4쪽, РГАСПИ ф.495 оп.135 д.106 л.30а-30в об.

[53] Протокол No.36 заседания Оргбюро по созыву съезда ККП(고려공산당 창립대표회준비위원회 회의록 제36호), 1925년 3월 12일, с.1, РГАСПИ ф.495 оп.135 д.109 л.5.

[54] Ли-Донхый(이동휘), Президиуму Исполкома Коминтерна(국제당 집행위 간부회 앞), 1924.12.27, с.2, РГАСПИ ф.495 оп.135 д.96 л.130-133об.

[55] Ли-ен-шен(이영선), Уважаемому тов.Куусинену копия тов.Вознесенскому Вост.отд.КИ(존경하는 쿠시넨 동무 앞, 국제당 동방부 보즈네센스크 동무에게도 사본을 보냄), 1925년 9월 3일, 1쪽.

[56] Намманчун(남만춘), Заведующему Дальневосточным отделом Исполкома Комитерна тов.Войтинскому(국제당 집행위 극동부장 보이틴스키 동무에게), 1922년 10월 30일, с.4, РГАСПИ ф.495 оп.135 д.63 л.26-27об.

57 나는 종전에 작성한 논문들에서 이 부서를 '동양부'라고 번역한 적이 있다. 틀린 것은 아니지만, 그 예하부서인 극동부와 혼동되기 쉬운 번역이었다. 그러므로 혼동을 피하기 위해서 앞으로는 '동방부'라고 옮기기로 한다.

58 План работы Восточного Отдела ИККИ на 1923 года(국제당 동방부의 1923년도 사업 계획), с.1, РГАСПИ ф.495 оп.154 д.194, л.1-6.

59 О Штатах и орг.структуре В.О.: предварительный проект(동방부의 정원 규정과 조직체계, 초안), 1925년 12월 4일, с.1, РГАСПИ ф.495 оп.154 д.244 л.14.

60 Внутренняя оргструктура В.О.(동방부의 내부 조직체계), 1925년 12월 4일, с.1, РГАСПИ ф.495 оп.154 д.244 л.13.

61 Внутренняя оргструктура В.О.(동방부의 내부 조직체계), 1925년 12월 4일, с.1, РГАСПИ ф.495 оп.154 д.244 л.13.

62 Пак-Диншунь(박진순), Доклад о Корее в Востоный Секретариат ИККИ(조선에 관한 보고, 국제당 동방비서부 앞), 1926년 11월 20일, с.11, РГАСПИ ф.495 оп.135 д.127 л.99-107об.

63 Тимоша(池模士=고광수), С кое-какими дополнениями и сокращениями тезисы доклада в комиссии по корвопросу при исполкоме коминтерна(국제당 집행위원회 산하 조선문제위원회에 제출하는 보고서의 보충 및 축약 테제), 1927년 2월 1일, с.7, РГАСПИ ф.495 оп.45 д.19 л.45-54.

64 Ким Сан Таги(김상탁), Отчет о работе с 25 ноября 1925 г. по 28 июня 1926 г.(1925년 11월 25일부터 1926년 6월 28일까지 사업 보고), с.6, РГАСПИ ф.495 оп.135 д.124 л.237-252.

65 Auszug aus dem Protokoll Nr.82 der Sitzung des Sekretariats des EKKI vom 3.September 1925(국제당 집행위원회 비서부 1925년 9월 3일자 제82회의록 초본), РГАСПИ ф.495 оп.135 д.104 л.2. 이 문서는 독일어 타자본으로서 1쪽짜리 회의록 초본Auszug이다. 그날 회의의 첫 번째 의안인 조선 문제에 대해서만 발췌

되어 있다. 발급 신청자는 바실리예프Васильев В. О.였고, 초본 발급자 명의는 국제당 비서부 비서 훔버트-드로즈Humbert-Droz였다.

66 조봉암(추정-인용자), 〈결정서에 대한 의견서〉, 1925년 9월(추정-인용자), 1쪽, РГАСПИ ф.495 оп.135 д.222а л.34об.

67 Особое мнение и возражения по проекту Восточного Отдела ИККИ о ближайших организационных задачах корейских коммунистических организации,(조선공산당의 당면 조직과제에 관한, 국제당 동방부 초안에 대한 특별 의견), с.1, РГАСПИ ф.495 оп.135 д.110 л.141-146.

68 Особое мнение и возражения по проекту Восточного Отдела ИККИ о ближайших организационных задачах корейских коммунистических организации,(조선공산당의 당면 조직과제에 관한, 국제당 동방부 초안에 대한 특별 의견), 5쪽.

69 조봉암(추정-인용자), 〈강령 급 표어에 대하여〉, 1925년 9월(추정-인용자), 1쪽, РГАСПИ ф.495 оп.135 д.222а л.34об.

70 Программа действий и лозунгов корейской компартии(조선공산당 행동강령과 슬로건), с.1, РГАСПИ ф.495 оп.135 д.104 л.47.

71 Особое мнение представителя ККП т.Пак Черхван по проекту лозунгов востотдела(동방부의 슬로건 초안에 대한 조선공산당 대표 박철환 동무의 특별 의견), с.1, РГАСПИ ф.495 оп.135 д.110 л.147.

72 Выписка из протокола заседания Колл.Востотдела(동방부 위원단 회의록 초본), 1926년 2월 7일, с.1. РГАСПИ ф.495 оп.135 д.115 л.1.

73 The last resolution of the presidium of the ECCI on the Korean question, 1925년 9월, p.1, РГАСПИ ф.495 оп.135 д.104 л.53-56.

74 The last resolution of the presidium of the ECCI on the Korean question, 1925년 9월, p.1, РГАСПИ ф.495 оп.135 д.104 л.53-56.

75 The last resolution of the presidium of the ECCI on the Korean question, 1925년

9월, 2~4쪽.

76 The last resolution of the presidium of the ECCI on the Korean question, 1925년 9월, 4쪽.

77 〈고려공산청년회제1차창립대표회〉, c.6, РГАСПИ ф.533 оп.10 д.1891 л.15-17об. 이 글의 러시아어 번역본도 남아 있다. Учредительный съезд Корейского Коммунистического Союза Молодежи, с.7, РГАСПИ ф.495 оп.135 д.112 лл.104-110. 이 문서는 《이정 박헌영 전집》 4권(역사비평사, 2004), 164~170쪽에 활자로 수록되어 있다. 그런데 전집 편집자는 각 챕터를 독립 문서로 오인하여, 〈고려공산청년회 제1차창립대표회, 대표회준비위원회〉, 〈고공청창립대회 결의사항초〉, 〈제1회 고공청중앙간부회〉 셋으로 잘못 나눠 놓았다.

78 Протокол №3 заседания восточной комиссии ИККИМ(국제공청 동방위원회 제3회 회의록), 1925년 9월 10일, с.1, РГАСПИ ф.533 оп.8 д.101 л.22.

79 Письмо Восточного отдела ИККИ Кореиским коммунистам(조선공산주의자들에게 보내는 국제당 동방부의 편지), 1925년 11월 5일, с.1-6, РГАСПИ ф.495 оп.135 д.106 лл.34-39.

80 Секретарь ЦК РКП(러시아공산당 중앙위 비서), Дальбюро ЦК РКП, Приморскому губкому, копия Востотделу ИККИ(러시아공산당 극동국·연해주당부 앞, 국제당 동방부 앞으로 사본을 보냄), с.1-2, РГАСПИ ф.495 оп.135 д.108 л.196-197.

81 Доклад делегата Коммунистической Партии Кореи тов.Чо-Донхо(Тян-кукво): в исполнительный комитет коммунистического интернационала(조선공산당 대표 조동호의 보고, 국제공산당 집행위원회 앞), 1925년 12월 25일, с.23, РГАСПИ ф.495 оп.135 д.110 л.162-187.

82 Ли-Еншен, Уважаемый тов.Куусинен, 1925년 11월 24일, с.3, РГАСПИ ф.495 оп.135 д.108 лл.184-187.

83 李永善, 〈敬愛する片山潛先生〉, 1925년 11월 30일, 4쪽, РГАСПИ ф.495 о

п.154 д.248.

84 Петров(페트로프), Коминтерн предложил ЦК Корейской Компартии……(국제당은 조선공산당 중앙위원회에게……), 1925년 11월 9일, с.1, РГАСПИ ф.495 оп.135 д.106 л.40-44.

85 Петров(페트로프), Коминтерн предложил ЦК Корейской Компартии……(국제당은 조선공산당 중앙위원회에게……), 1925년 11월 9일, 1~2쪽.

86 Петров(페트로프), Коминтерн предложил ЦК Корейской Компартии……(국제당은 조선공산당 중앙위원회에게……), 1925년 11월 9일, 2쪽.

87 星山學人, 〈조선사회운동개관〉(7), 《동아일보》 1926년 1월 7일.

88 〈전조선민중운동자대회 각 분과회 의안〉, с.9-10, РГАСПИ ф.495 оп.135 д.131 лл.283-293.

89 星山學人, 〈조선사회운동개관〉(7), 《동아일보》 1926년 1월 7일.

90 아우 朴, 〈金濟惠, 鏪革道 급 曺勳 동무〉, 1925년 10월 19일, 1쪽, РГАСПИ ф.495 оп.135 д.106 л.30а-30в.об.

91 李永善, 〈敬愛する片山潛先生〉, 1925년 11월 30일, 1쪽, РГАСПИ ф.495 оп.154 д.248.

92 李永善, 〈敬愛する片山潛先生〉, 1925년 11월 30일, 1쪽, РГАСПИ ф.495 оп.154 д.248.

93 아우 朴, 〈金濟惠, 鏪革道 급 曺勳 동무〉, 1925년 10월 19일, 4쪽.

94 아우 朴, 〈金濟惠, 鏪革道 급 曺勳 동무〉, 1925년 10월 19일, 3쪽.

95 Член ВКП(б) бывший завед.коротделом при президииуме приморского губкома ВКП(б)(22-25г.г.) Лиеншен(전연방공산당 연해주당부 전 고려부장 이영선), В Секретариат ИККИ. копия в ЦКК ВКП(б) и Международную Контрольную комиссию(국제당 비서부 앞, 전연방공산당 중앙검열위원회 및 국제검열위원회 앞으로 사본을 보냄), 1926년 2월 22일, с.18, РГАСПИ ф.495 оп.135 д.127 л.34-47об.

[96] Оргбюро по созыву съезда ККП(당준비회), В Востотдел ИККИ(국제당 동방부 앞), 1925년 2월 1일, с.1, РГАСПИ ф.495 оп.135 д.110 л.30-31об.

[97] Ли-ен-шен(이영선), Уважаемому тов.Куусинену копия тов.Вознесенскому Вост.отд.КИ(존경하는 쿠시넨 동무 앞, 국제당동방부 보즈네센스크 동무에게 사본을 전함), 1925년 9월 3일, с.2, РГАСПИ ф.495 оп.135 д.108 лл.36-42.

[98] Пак-Ай(박애), Уважаемый тов.Куусинен(존경하는 쿠시넨 동무), 1924년 4월 17일, с.2, РГАСПИ ф.495 оп.135 д.96 лл.64-65об.

[99] Полномочия и задачи по созыву учредительного съезда ККП(고려공산당 창립대표회준비위원회의 권한과 과제), 1924년 4월 22일, с.4, РГАСПИ ф.495 оп.135 д.94 лл.9-12.

[100] Лидонхы(이동휘), Телеграмма в президиум коминтерна(국제당 간부회 앞 전보), с.1, РГАСПИ ф.495 оп.135 д.106 л.68.

[101] Ли-Донхый(이동휘), Президиуму Исполкома Коминтерна(국제당 집행위원회 간부회 앞), 1924년 12월 27일, с.7, РГАСПИ ф.495 оп.135 д.96 лл.130-133об.

[102] Лидонхы(이동휘), Президиум коминтерна(국제당 간부회 앞), 1925년 11월 16일, РГАСПИ ф.495 оп.135 д.106 л.56.

[103] Полномочия и задачи по созыву учредительного съезда ККП, 1924년 4월 22일, с.4, РГАСПИ ф.495 оп.135 д.94 лл.9-12.

[104] 조선노동당 이면에 있는 비밀 공산 단체 '조선스파르타쿠스당' 의 대표 이남두李南斗, 〈국제공산당 집행위원회 貴中〉, 1926년 2월 3일, 15쪽, РГАСПИ ф.495 оп.135 д.127 л.16-23.

[105] 이남두李南斗, 〈국제공산당 집행위원회 貴中〉, 1926년 2월 3일, 13쪽.

[106] 이남두李南斗, 〈국제공산당 집행위원회 貴中〉, 1926년 2월 3일, 13쪽.

[107] 〈노동당 主體가 問題로 便戰 끝에 重輕傷〉, 《동아일보》 1925년 9월 23일.

[108] 박헌영, 〈보고서: 사업보고, 학교의 설계, 반동에 대한 보고〉, 1925년 10월 20

일, 《이정 박헌영 전집》 1, 역사비평사, 2004, 89쪽.

[109] 신철辛鐵·김영우金泳雨(K. H. 당대표), 〈보고〉, 1926년 2월 11일, 5쪽, РГАСПИ ф.495 оп.135 д.124 л.77-92.

[110] 신철辛鐵·김영우金泳雨(K. H. 당대표), 〈보고〉, 1926년 2월 11일, 6쪽.

[111] 신철辛鐵·김영우金泳雨(K. H. 당대표), 〈보고〉, 1926년 2월 11일, 5쪽.

[112] 신철辛鐵·김영우金泳雨(K. H. 당대표), 〈보고〉, 1926년 2월 11일, 8쪽.

[113] 신철辛鐵·김영우金泳雨(K. H. 당대표), 〈보고〉, 1926년 2월 11일, 6쪽.

[114] 신철辛鐵·김영우金泳雨(K. H. 당대표), 〈보고〉, 1926년 2월 11일, 7쪽.

[115] K. H. 당 중앙집행국 총책임비서 김약수 외, 〈대표위임장(대표 신철)〉, 1925년 10월 27일, РГАСПИ ф.495 оп.154 д.257 л.10 ; K.H.당 중앙집행국 총책임비서 대리 정운해鄭雲海 외, 〈대표위임장(김영우)〉, 1925년 12월 10일, РГАСПИ ф.495 оп.154 д.257 л.11.

[116] Кимменман(김영만), Президиум Коминтерна(국제당 간부회 앞), 1925년 11월 27일, с.1, РГАСПИ ф.495 оп.135 д.106 л.58.

[117] 고려공산단체 중앙집행위원회 책임비서 이영李英, 〈위임장(이운혁李雲赫·최창익崔昌益)〉, 1925년 12월 5일, РГАСПИ ф.495 оп.154 д.257 л.4.

[118] 조선공산당 집행위원 7인, 〈위임장(조동호)〉, 1925년 5월 27일, РГАСПИ ф.495 оп.164 д.482 л.22.

[119] Стенограмма Корейской комиссии(조선위원회 속기록), 1926년 2월 13일, с.8, РГАСПИ ф.495 оп.164 д.224 л.1-11.

[120] Билль(빌리), Дорогие товарищи(존경하는 동무들), 1925년 9월 19일, с.4, РГАСПИ ф.495 оп.135 д.106 лл.19-24.

[121] Доклад ……тов.Чо-Донхо, 1925년 12월 25일, с.24.

[122] 박헌영, 〈보고서: 사업보고, 학교의 설계, 반동에 대한 보고〉, 1925년 10월 20일, 《이정 박헌영 전집》 1, 역사비평사, 2004, 89쪽.

[123] Мильнер(밀러), тов.Серегину(세레긴 동무 앞), 1925년 11월 13일, с.1, РГАС

ПИ ф.495 оп.135 д.110 л.151-154.

[124] Доклад ······тов.Чо-Донхо, 1925년 12월 25일, c.24.

[125] 신의주지방법원, 〈피고인(유진희) 신문조서〉 제3회, 1926년 5월 6일, 《한국공산주의운동사(자료편 1)》, 고려대학교출판부, 1979, 543쪽.

[126] О корейских делах(조선 사업에 관하여), c.2, РГАСПИ ф.495 оп.135 д.106 лл.59-62.

[127] 高麗共産靑年會代表 池模士, 〈本員と海港國黨聯絡部責任者Михаиловとの交涉關係〉, 1926년 11월 30일, 4쪽, РГАСПИ ф.495 оп.154 д.131 л.329-332; 高麗共産靑年會代表 池模士, 〈本員のモスクバ到着以後の經過〉, 1926년 11월 30일, 1쪽, РГАСПИ ф.495 оп.135 д.131 л.336-337.

[128] The last resolution of the presidium of the ECCI on the Korean question, 1925년 9월, p.1, РГАСПИ ф.495 оп.135 д.104 л.53-56.

[129] Доклад ······тов.Чо-Донхо, 1925년 12월 25일, c.12.

[130] Доклад ······тов.Чо-Донхо, 1925년 12월 25일, c.25.

[131] 高麗共産同盟代表 金榮萬·崔昌益, 朝鮮スパルタクス團代表 李南斗, К.Н.黨代表 辛鐵·金泳雨, 〈國際共産黨執行委員會貴中, 組織問題ニ對スル具體的公同議案〉, 1926년 2월 13일, 1쪽, РГАСПИ ф.495 оп.135 д.131 л.59-72.

[132] 김철수, 〈구술자료 김소중 소장본〉, 한국정신문화연구원 현대사연구소 엮음, 《遲耘 金錣洙》, 1999, 81~82쪽.

[133] Протокол No.25 заседания Коллегии Востотдела ИККИ(국제당 동방부 위원단 제25회의록), 1926년 2월 7일, c.1, РГАСПИ ф.495 оп.154 д.263 л.14.

[134] Auszug aus dem Protokoll Nr.82 der Sitzung des Sekretariats des EKKI vom 3.September 1925(국제당 집행위원회 비서부 1925년 9월 3일자 제82회의록 초본), РГАСПИ ф.495 оп.135 д.104 л.2.

[135] Стенограмма Корейской комиссии(조선위원회 속기록), 1926년 2월 11일, c.10-11, РГАСПИ ф.495 оп.164 д.222 л.3-39.

136 Ким-ЕнМан(김영만), Заведующему востотделом ИККИМ тов. Фокину (국제공청 동방부장 포킨 동무 앞), 1926.2.15, с.1, РГАСПИ ф.533 оп.10 д.1895 л.51.

137 Стенограмма Корейской комиссии(조선위원회 속기록), 1926년 2월 13일, с.10, РГАСПИ ф.495 оп.164 д.224 л.1-11.

138 Стенограмма Корейской комиссии(조선위원회 속기록), 1926년 2월 11일, с.14, РГАСПИ ф.495 оп.164 д.222 л.3-39.

139 Стенограмма Корейской комиссии(조선위원회 속기록), 1926년 2월 11일, 15쪽.

140 Представитель ЦК Кор.КП на Пленуме ИККИ и Член Восточного Отдела ИККИМ(국제당확대총회 조선공산당 대표와 국제공청 동방부 위원), Заявление: Восточному отделу Коминтерна(의견서: 코민테른 동방부 앞), 1926년 2월 5일, с.1, РГАСПИ ф.495 оп.135 д.127 л.27-29.

141 Представитель ЦК Кор.КП на Пленуме ИККИ и Член Восточного Отдела ИККИМ(국제당확대총회 조선공산당 대표와 국제공청 동방부 위원), Заявление: Восточному отделу Коминтерна(의견서: 코민테른 동방부 앞), 1926년 2월 5일, 2쪽.

142 Представитель ЦК Кор.КП на Пленуме ИККИ и Член Восточного Отдела ИККИМ(국제당확대총회 조선공산당 대표와 국제공청 동방부 위원), Заявление: Восточному отделу Коминтерна(의견서: 코민테른 동방부 앞), 1926년 2월 5일, 2쪽.

143 Протокол No.25 заседания Коллегии Востотдела ИККИ(국제당 동방부 위원단 제25회의록), 1926년 2월 7일, с.1, РГАСПИ ф.495 оп.154 д.263 л.14.

144 Протокол No.25 заседания Коллегии Востотдела ИККИ(국제당 동방부 위원단 제25회의록), 1926년 2월 7일, с.1, РГАСПИ ф.495 оп.154 д.263 л.14.

145 Протокол заседания Корейской комиссии(조선위원회 회의록), 1926년 2월

21일, с.1, РГАСПИ ф.495 оп.164 д.226 л.1

[146] Заседание Корейской подкомиссии(조선소위원회 회의), 1926년 3월 7일, с.1 и 4, РГАСПИ ф.495 оп.164 д.228 л.1–9.

[147] Список комиссий Вост.отдела ИККИ для подготовки к Расширенному Пленуму(확대총회 준비를 위한 국제당 집행위 동방부 내 각 위원회 명단), с.2, РГАСПИ ф.495 оп.164 д.8 л.51–53.

[148] Список тов.членов западно-европейских и восточных партий, работающих в аппарате восточного отдела(동방부 기관에서 근무하는 서유럽 및 동방 각나라 당원 명단), с.1, РГАСПИ ф.495 оп.154 д.272 л.76.

[149] Протокол No.24 заседания Коллегии Восточного отдела(동방부 위원단 제24 회의록), 1926년 1월 19일, с.1, РГАСПИ ф.495 оп.154 д.263 л.8.

[150] 〈1926년 2월 26일 현재 코민테른집행위원회 제6회 확대총회에서 의결권·심의권을 갖는 대표자 명단〉, РГАСПИ ф.495 оп.164 д.479 л.2–6.

[151] РГАСПИ ф.495 оп.164 д.365 л.17.

[152] РГАСПИ ф.495 оп.164 д.8 л.56.

[153] РГАСПИ ф.495 оп.164 д.8 л.12–13 ; РГАСПИ ф.495 оп.164 д.8 л.66.

[154] Резолюция по Корейскому Вопросу: проект(조선문제결정서 초안), 1926년 3월 7일, с.1, РГАСПИ ф.495 оп.135 д.115 л.3.

[155] Заседание Корейской подкомиссии(조선소위원회 회의), 1926년 3월 7일, с.1, РГАСПИ ф.495 оп.164 д.228 л.1–9.

[156] Заседание Корейской подкомиссии(조선소위원회 회의), 1926년 3월 7일, 2쪽.

[157] Заседание Корейской подкомиссии(조선소위원회 회의), 1926년 3월 7일, 5쪽.

[158] Заседание Корейской подкомиссии(조선소위원회 회의), 1926년 3월 7일, 7~8쪽.

[159] Резолюция ИККИ по Корейскому вопросу принятая Президиумом

31/Ⅲ с добавлением в профсоюзных вопросах(3월 31일 간부회에서 채택된 조선 문제에 관한 국제당 집행위원회 결정서. 노동조합 문제를 부가함), 1926년 3월 31일, с.2, РГАСПИ ф.495 оп.135 д.115 л.4-5.

[160] 村田陽一, 《コミンテルン資料集》4, 大月書店, 1978, 546쪽.

[161] Исполком Коминтерна(국제당 집행위), ЦК КП Кореи(조선공산당 중앙집행위 앞), РГАСПИ ф.495 оп.135 д.115 л.53.

[162] Г.М.Адибеков, Э.Н.Шахназарова, К.К.Ширня, Организационная структура Коминтерна(코민테른의 조직체계) 1919-1943. - М.: РОССПЭН, 1997, с.115.

[163] First meeting of the Far Eastern Secretariat(Стенограмма заседания No.1), 1926년 4월 9일, с.1, РГАСПИ ф.495 оп.154 д.265 лл.1-15

[164] First meeting of the Far Eastern Secretariat(Стенограмма заседания No.1), 1926년 4월 9일, 8쪽.

[165] Манифест ИККИ: Ко всем революционным организациям Кореи(국제당 집행위원회 선언: 조선의 모든 혁명 단체에게), с.2, РГАСПИ ф.495 оп.135 д.115 лл.35-36.

[166] First meeting of the Far Eastern Secretariat(Стенограмма заседания No.1), 1926년 4월 9일, с.14, РГАСПИ ф.495 оп.154 д.265 лл.1-15.

[167] First meeting of the Far Eastern Secretariat(Стенограмма заседания No.1), 1926년 4월 9일, 4쪽.

[168] О корейских делах(조선 사업에 관하여), 1925.11.중순(추정-인용자), с.2, РГАСПИ ф.495 оп.135 д.106 л.59-62.

[169] Протокол No.5 заседания Дальне-Восточного Секретариата ИККИ(국제당 극동비서부 회의록 제5호), 1926년 5월 22일, с.1, РГАСПИ ф.495 оп.154 д.265 л.25.

[170] 임경석, 〈조봉암의 모스크바 외교〉, 《역사비평》 94, 2011년 5월, 105쪽.

참고문헌

한국역사연구회 1930년대연구반, 《일제하 사회주의 운동사》, 한길사, 1991
조선공산당의 국제당 가입이 취소된 직후인 1929년부터 해방되던 1945년까지의 사회주의운동사를 다룬 논문집이다. 8명의 소장 연구자들이 집필한 11편의 논문으로 이뤄져 있다. 반공주의 편견에서 벗어나 1차 사료의 분석에 입각하여 저술한 최초의 학술적인 사회주의운동사 연구 성과라는 평가를 받았다.

지수걸, 《일제하 농민조합운동 연구》, 역사비평사, 1993
1930년대 적색농민조합운동과 그에 관련된 사회주의운동의 양상을 해명한 연구서다. 적색농민조합운동의 출현, 전개, 성격에 관해서 전면적으로 분석했다. 지역별 사례 연구를 포함하고 있다.

이준식, 《농촌사회변동과 농민운동》, 민영사, 1993
일제 식민지시대 함경남도를 중심으로 하여 전개된 강력한 농민운동에 관한 연구서다. 3·1운동 이후 농민운동의 발전과 그것이 적색농민조합운동으로 전화해가는 과정을 추적했다. 군 단위 지역사례 연구를 포함하고 있다.

이균영, 《신간회연구》, 역사비평사, 1993
민족통일전선 단체 신간회를 대상으로 쓰인 690쪽 분량의 학술 서적이다. 신간회가 존재하던 시기에 사회주의 세력들이 견지했던 민족통일전선 정책과 운동을 밝혔다. 신간회 본부에 더하여 지방 지회 연구의 필요성과 의의를 역설했다. 제8회 단재학술상(1994) 수상작이다.

강만길·성대경 엮음, 《한국사회주의운동인명사전》, 창작과비평사, 1996

일제 강점기 사회주의운동에 몸담았던 2천여 명의 인명사전이다. 필자로는 56명의 연구자가 참여했다. 사회주의운동사에 등장하는 인물이 어떤 경력을 가졌는지 확인하고자 할 때 손쉽게 펼쳐볼 수 있는 유용한 참고 서적이다.

역사학연구소 엮음, 《한국 공산주의운동사 연구: 현황과 전망》, 아세아문화사, 1997

1980년대 중반 이후 활성화된 10여 년간의 공산주의운동사 연구 성과를 정리했다. 10개의 논문으로 이뤄져 있으며, 각 논문마다 운동사의 중요 주제를 다루고 있다. 연구 동향에 관한 정보를 상세히 수록하고 있으므로 후속 연구를 준비하는 연구자에게 좋은 안내서 역할을 한다.

반병률, 《성재 이동휘 일대기》, 범우사, 1998

초창기 사회주의운동의 중요한 지도자 이동휘의 삶과 혁명운동에의 헌신 과정을 전면적으로 형상화했다. 혁명적 민족해방운동의 전통 속에서 사회주의운동이 배태되어 나오는 과정을 합리적으로 설명하고 있다. 제24회 월봉저작상(1999) 수상작이다.

권희영, 《한인 사회주의운동 연구》, 국학자료원, 1999

일제하 사회주의 운동에 관한 13편의 논문을 수록했다. 지은이가 스스로 말한 바와 같이 각 논문의 문제의식이 동질적이지 않다. 다만 1990년대 중반 이후에 쓰인 논문들 속에서 반反사회주의적 관점을 뚜렷이 하고 있음을 볼 수 있다.

성대경 엮음, 《한국현대사와 사회주의》, 역사비평사, 2000

성대경 교수의 정년퇴임에 즈음하여 간행된 논문집이다. 한국현대사에서 사회주의 사상과 운동이 수행한 역할을 조명하는 9편의 논문이 수록되어 있다. 식민지

시대 국내와 해외에서 전개된 사회주의운동을 다룬 것이 6편이고, 해방 후 사회주의에 관련된 것이 3편이다. 각 논문들은 개별 주제들에 관한 최신 연구 성과를 실었다.

임경석, 《한국 사회주의의 기원》, 역사비평사, 2003
초창기 사회주의운동의 두 주역인 고려공산당 상해파와 이르쿠츠크파의 갈등을 다룬 연구서다. 두 공산당의 성립 과정, 이론과 정책, 모스크바 외교전 등에 관해서 분석했다. 구 코민테른 문서보관소에 소장된 1차 사료를 널리 활용했다. 제29회 월봉저작상(2004) 수상작이다.

이현주, 《한국 사회주의 세력의 형성》, 일조각, 2003
초창기 사회주의 세력 가운데 비주류 지위에 놓여 있다고 판단되는 상해파와 서울파 공산 그룹에 주목한 연구서다. 두 그룹이 국내에서 어떻게 태동했는지, 그들의 민족통일전선 정책은 어떠했는지를 분석했다.

전상숙, 《일제시기 한국 사회주의 지식인 연구》, 지식산업사, 2004
일제 강점기에 끊임없이 대규모로 발발한 공산당 검거 사건의 관련자들을 분석한 연구서다. 사회주의 지식인들의 사회적 출신, 거주지, 직업, 생활정도 등에 관한 통계자료를 활용함으로써 사회주의 역사에 관한 새로운 지식을 창출했다.

전명혁, 《1920년대 한국사회주의운동 연구》, 선인, 2006
1920년대 국내 사회주의운동의 주역인 서울파, 화요파, 북풍파, 노동당, 엠엘파 공산 그룹의 역사를 다룬 연구서다. 조선공산당의 창립과 각 공산 그룹 간의 상호관계를 해명했으며, 민족통일전선 정책을 둘러싼 각 그룹의 갈등을 분석했다.

김경일,《이재유, 나의 시대 나의 혁명》, 푸른역사, 2007
1930년대를 배경으로 서울 및 그 주변에서 전개된 적색노동조합운동과 그에 관련된 사회주의 운동의 궤적을 재현한 연구서다. 그 시기 사회주의운동의 저명한 지도자 이재유李載裕에게 포커스를 맞췄다. 5천여 쪽의 경찰 조서를 분석한 바탕 위에서 저술된 신뢰할 만한 연구 성과다.

임경석,《잊을 수 없는 혁명가들에 대한 기록》, 역사비평사, 2008
사회주의운동에 참여했다가 희생된 사람들에 대한 진혼곡이다. 혁명가 8인의 삶을 조명했다. 주인공들의 인생과 운동에의 헌신을 시계열적 연대기 형식이 아니라 플롯을 갖춘 새로운 서사 스타일로 형상화하고자 했다.

찾아보기

【ㄱ】

가타야마 센 55, 56, 62, 63, 107, 143, 147~151, 153, 156, 157, 161, 167
간도총국 131, 136, 171
고광수 57
고려공산당 18, 34, 35, 38, 50, 104, 119
고려공산당 상해지부 35
고려공산동맹 122~126, 137~139, 149
고려공산청년회(고려공청) 21, 22, 24, 25, 32, 36, 37, 41, 44, 48, 57, 81, 82, 84, 95, 96, 121, 129
고려공산청년회 창립대(표)회 32, 36, 81, 82
〈고려공산청년회제1차창립대표회〉 81
고려총국 56
광동 79
구舊코민테른 문서보관소 21, 22, 82
구연흠 20
9월결정서(1925년 9월결정서) 74~76, 78, 79, 85~87, 91, 102, 106, 119~121, 129~133, 142, 143, 148, 170, 172~174
국민의회 그룹 58, 104, 109~111, 113, 115, 168
국제(공산)당 5~7, 13, 16~22, 24~26, 29~32, 41, 42, 44, 46, 48~51, 56~67, 68, 72~74, 76, 77, 79, 81~83, 85~91, 95~97, 102~104, 106, 107, 109, 112~117, 119~126, 128~130, 132~135, 137~140, 142~175

국제공산청년동맹(국제공청) 21, 22, 24, 25, 32, 38, 41, 46, 48, 49, 61, 81, 82, 84, 96, 105, 121, 137, 138, 140, 145
국제공청 동방부(동방위원회) 48, 64, 81, 84, 143, 144, 147, 150
국제당 간부회 63, 64, 74, 75, 106, 148, 162, 163
국제당 동방부 15~17, 19, 51, 53~56, 58, 59, 63, 64, 66, 67, 70, 72, 74, 79~81, 85~93, 103, 105~107, 142~162, 165~167, 173, 174
국제당 비서부 61~64, 82, 142~146, 152, 153, 173
(국제당) 조선문제위원회 56, 63, 68
극동민족대회 38
극동비서부 18, 57, 166~168, 170, 171
근동비서부 166
김삼웅 21
김약수 118
김영만 122~125, 137, 138
김영우 116, 117, 120, 121, 138

김재봉 38, 59
김제혜 48
김조이 98~100
김찬 21
김철훈 104
까엔당 113, 116~121, 126, 138, 139, 144, 149
까엔당 그룹 120, 123

【ㄴ】

남만춘 49~52, 58, 59, 62, 67, 72, 73, 77, 88, 94, 96, 102, 104~106, 129, 130, 132, 134, 147

【ㄷ】

당외 공산(주의) 그룹 85, 86, 131, 155, 156, 160, 161, 164, 165, 167, 175
당준비회(고려공산당창립대(표)회준비위원회) 50~52, 77, 102~

110, 140, 141, 153, 168, 174
대한공산당 34
동방노력자공산대학 31, 38, 46, 47, 55, 57, 98, 148
《동아일보》 16, 40, 99

【ㄹ】

라페스 55, 151, 157
러시아공산당 50, 51, 59, 60, 87, 110, 111, 150, 168
러시아공산당 극동국 50, 87, 88
레닌그라드사관학교 97
로이, 마나벤드라 54, 151, 153, 167, 170
룩스 호텔 48
리다자오 17

【ㅁ】

만주리 37
만주총국 78, 131, 136, 171
모스크바 5, 12~16, 19~23, 25, 26, 31, 32, 34, 35, 37~42, 44, 46~50, 53, 56, 57, 60, 61, 65, 77, 82, 83, 86, 94, 95, 97, 98, 100, 103, 105, 119, 121, 122, 125, 126, 128~135, 137, 138, 142, 145, 147, 148, 150, 170, 171
무라다 요이치 162
미츠케비치 61~63
미츠케비치위원회 64, 65, 74, 172
민족통일전선 79, 165
민족통일전선 기관 90, 91, 175, 176
민족통일전선 정책 78, 90, 91, 93, 165
민족혁명당 79, 91
민주공화국 72, 89, 90
민중공화국 70, 72

【ㅂ】

바실리예프 54, 56, 57, 59, 61~64, 67, 70~72, 74, 75, 143~ 145,

149~151, 153, 156, 157, 159, 160
바이칼 호 12
박애 104, 108
박응칠 104
박진순 57
박철한朴哲漢 14
박철환 12~15, 67, 72
박철환朴鐵丸 15, 16, 33
박철환朴鐵煥 14
박태균 21
박헌영 22, 32, 82, 129
반종교운동 78, 91~93, 119
베르흐네우딘스크 29, 38, 52
보이틴스키 그룹 57~59, 91, 106, 107, 109, 150, 161, 173
보이틴스키, 그리고리 13, 16~19, 41, 44, 51, 54~59, 105, 107, 132, 149, 151, 153, 157, 159~161, 167, 170, 174
보이틴스키-남만춘 밀약 59
부산항 40
북풍파 118
북풍회 112, 116, 118, 120, 138, 144

브리케 151
블라디보스토크 12, 40, 44, 50, 60, 94, 96~98, 100, 102, 103, 105, 122, 133
블라드보스토크 뷰로 77

【ㅅ】

4대 계급 동맹론 78
사파로프 57
3월결정서(1926년 3월결정서) 140, 162~167, 170, 172, 173
상해 17, 19, 29, 34, 35, 37, 40, 42, 44, 48, 60, 67, 77, 79, 94~98, 100, 105, 121, 128~134, 140, 147
상해파 공산 그룹 104, 140, 141
상해파 공산당 58
서북노 3파 연합 126, 148
서북노 연합대표단 153, 154
서북노 연합 반대파 139, 161, 164
서울 26~28, 30, 32, 40, 41, 44, 51, 58, 65, 67, 82, 91, 95, 98,

100, 113, 122, 128~131
서울청년회 122, 123, 125, 165
서울파 123, 124
(소비에트) 러시아 12~14, 16, 29, 31, 37, 38, 49, 50, 87, 110, 113, 121, 141, 144
슈마츠키, 보리스 57
슈티르너 143
스탈린 그룹 150
스파르타쿠스당 111~114, 123, 125, 138, 139, 144, 149
시베리아 횡단열차 12, 13, 94, 133
신간회 176
《신생활》 35
신의주 40, 129
신철 116, 117, 120, 121, 138, 144, 145, 148
《신흥청년》 40

【ㅇ】

아서원 27, 28, 67
에르콜리 167
여운형 59
연해주 30, 56, 77, 79, 87, 102, 105, 108~111, 113, 131, 135, 136, 141, 167, 168
《올타正報》 35
원동부 17, 19, 58, 60, 96
원조 이르쿠츠크파(이르쿠츠크 그룹) 58, 59, 104
유진희 131, 132, 141
이남두 113, 114, 138, 144, 148
이델손 108
이동휘 51, 104, 106, 107, 140, 141
이르쿠츠크 12, 18, 29, 50, 121
이르쿠츠크파 50, 58, 59, 104, 109
이르쿠츠크파 공산당 58
이영선 51, 87, 88
이운혁 124, 125, 137, 138
이형근 104

【ㅈ】

장도정 104

장쭤린 79
전로한인공산당 50
정운해 118
정재달 104
제1회 조선공산당대표회 26~28
조동호 20, 21, 31, 34~38, 40~42, 44, 59, 67, 68, 96, 128~130, 132~135, 137, 147~151, 154, 155, 157~159, 162, 167, 168, 170, 173
조봉암 13~18, 20~26, 31, 32, 34~38, 40~42, 44, 46~49, 53, 56, 59, 61~68, 70~74, 76, 77, 81~83, 89, 90, 94~100, 102, 116, 117, 119, 128~130, 132, 134, 147, 150, 170
조선 내지 중심론 52, 58
조선공산당 5, 6, 16, 20~30, 32, 36, 41, 44, 48, 52, 57, 59, 64~68, 70, 74, 76, 78, 79, 81, 85, 87~92, 94~97, 105~107, 112~114, 119~126, 128~133, 135, 136, 139~141, 143, 145, 148~154, 156, 158, 159, 161~165, 167~171, 173~175
〈조선공산당 승인에 관한 국제공산당의 선언〉 168
조선공산당 창립대(표)회 32, 36, 37, 51, 65, 67, 76, 112, 116, 117, 133, 134
조선노동당 111~113, 123
조선문제결정서 64, 74, 144, 162~164
〈조선문제결정서 초안〉 64, 65, 67, 71, 74, 75
조선일보사 문제 120
조용암 98
조훈 48, 49, 61, 67, 81, 94, 95, 97, 98, 100, 105, 147, 148, 150, 151, 157, 164
주종건 141
중국 18, 19, 40, 41, 44, 54, 79, 91, 106, 128, 131, 132, 166
중국국민당 79, 91
중립당(조선공산당) 38, 52
지노비예프 그룹 59, 150
지노비예프, 그리고리 59, 60

【ㅊ】

천두슈 17
최계립 108
최성우 157
최창익 124, 125, 137

【ㅋ】

카스파로바 151
코민테른 5, 6, 15, 16, 20, 31, 34, 35, 37, 38, 40~42, 44, 50, 53~57, 59, 164, 173
코민테른 극동비서부 57
콘블럼 143, 155, 159~161
쿠시넨, 오토 107, 142~145, 149, 156, 159~161
쿠시넨위원회 142, 143, 145, 152, 154~156, 159, 160
쿠시넨 그룹 173

【ㅌ】

트로츠키·지노비예프 연합 반대파 60
트베르스카야 대로 48

【ㅍ】

페트로프 54, 88~92, 151
페트롭스키 143
페퍼 143
포킨 61, 62, 64, 81, 84, 143, 144, 150
프롤레타리아트 혁명론 90

【ㅎ】

한국공산당 34, 35
한인사회당 50
헬러 167
화요파 (공산 그룹) 58, 106, 107, 119, 120, 124
화요회 (공산 그룹) 58, 112, 118~

120, 123
화요회 공산당 122~124, 126,
　137, 139, 140, 152, 155, 160,
　161, 175
흑도회 35

모스크바 밀사

- 2012년 12월 27일 초판 1쇄 인쇄
- 2012년 12월 29일 초판 1쇄 발행
- 글쓴이   임경석
- 발행인   박혜숙
- 책임편집   정호영
- 디자인   조현주
- 영업·제작   변재원
- 펴낸곳 도서출판 푸른역사
  우 110-040 서울시 종로구 통의동 82
  전화: 02)720-8921(편집부) 02)720-8920(영업부)
  팩스: 02)720-9887
  전자우편: 2013history@naver.com
  등록: 1997년 2월 14일 제13-483호
- ⓒ 임경석, 2012

ISBN   978-89-94079-77-6   93900
세트   978-89-94079-74-5   93900

· 잘못 만들어진 책은 교환해드립니다.